U0950881

孩子的兴趣是开发出来的

柴一兵◎编著

北京工业大学出版社

图书在版编目（CIP）数据

孩子的兴趣是开发出来的 / 柴一兵编著. —北京：北京工业大学出版社，2014.7（2022.3重印）
ISBN 978-7-5639-3901-5

Ⅰ.①孩… Ⅱ.①柴… Ⅲ.①兴趣-儿童教育-家庭教育 Ⅳ.①G78

中国版本图书馆CIP数据核字(2014)第091675号

孩子的兴趣是开发出来的

编　　著：柴一兵
责任编辑：曹　媛
封面设计：胡椒书衣
出版发行：北京工业大学出版社
（北京市朝阳区平乐园100号　邮编：100124）
010-67391722（传真）　bgdcbs@sina.com
经销单位：全国各地新华书店
承印单位：唐山市铭诚印刷有限公司
开　　本：787毫米×1092毫米　1/16
印　　张：14
字　　数：186千字
版　　次：2014年7月第1版
印　　次：2022年3月第2次印刷
标准书号：ISBN 978-7-5639-3901-5
定　　价：39.80元

版权所有　翻印必究
（如发现印装质量问题，请寄本社发行部调换 010-67391106）

前　　言

学习需要动力，动力来自兴趣，兴趣是最好的老师。兴趣能促使孩子主动探索周围的世界，了解宇宙万物的奥秘，在探索中丰富自己的人生体验。即使探索过程十分辛劳、困难重重，孩子也会兴致勃勃、乐此不疲、勇往直前。兴趣会把孩子带进一个充满阳光和色彩的世界，使孩子更加热爱生活，永远保持一种奋发向上、乐观、豁达与热情的精神状态。

虽然孩子从呱呱坠地开始就对这个崭新的世界充满兴趣并积极探索，但是生活中太多的干扰会将孩子的这种探索精神消磨殆尽。没有了兴趣，一切学习都等于是“赶鸭子上架”，这种疲于应付的学习方式收效肯定是事倍功半的。可是没有了兴趣怎么办？那就开发兴趣！所以，家长一方面要努力保护孩子的兴趣，更重要的是要肩负起开发孩子兴趣的重任。

本书针对孩子的兴趣问题，从发现兴趣、开发兴趣、发展兴趣、巩固兴趣等几个方面为家长支招，让家长帮助孩子将兴趣最终内化成学习的动力，使孩子学习时像玩游戏时一样轻松。书中着重介绍了如何引导孩子在玩中学，做到“玩”“学”两不误，以及怎样培养孩子的学习兴趣、读书兴趣、科学探索兴趣、交往兴趣、学习文化课的兴趣与学习艺术的兴趣，帮助家长掌握方法，以便给予孩子及时恰当的指导。

针对当前社会上家长逼迫孩子上各种兴趣班的“疯狂行为”，本书也做了分析，希望帮助家长用一颗平和的心对待“兴趣班”，切勿从功利角度设计孩子的兴趣，家长要懂得让孩子享受过程比考级更重要，更要明白兴趣能为孩子的生活锦上添花就足够了。

本书运用一个个鲜活的故事，向大家展示了兴趣的神奇力量和兴趣带给生活的无穷乐趣，并用聪明家长的智慧做法激励其他家长审视自己的行为。

目　　录

第1章　兴趣=梦想+翅膀

第2章　天赋+兴趣=特长

第3章　引导孩子在“玩”中成长

第4章　培养热爱学习的孩子

第5章　和孩子一起探索科学

第6章　帮助孩子爱上读书

第7章　鼓励孩子大胆与人交往

第8章　让孩子感觉文化课不再枯燥

第9章　激发孩子的音乐兴趣

第10章　点燃孩子的绘画兴趣

第11章　支持孩子参加体育运动

第12章　培养孩子更广泛的兴趣

第1章　兴趣=梦想+翅膀

认识兴趣及其巨大作用

爱因斯坦四五岁时，对指南针产生了兴趣，他长时间摆弄它，心想那小针为什么总是指着同一方向；他还能一次又一次不厌其烦地搭积木，直到把又高又尖的“钟楼”搭好为止。正是这种由兴趣带来的思索、探求，使他成为近代伟大的物理学家。浓厚的兴趣，可以使达尔文把甲虫放进嘴里，可以使魏格纳一生中四次去格陵兰探险，可以使达·芬奇不顾教会的反对连续解剖尸体，可以让聂卫平成为棋圣，可以让伏明霞成为一代“跳水女皇”……这些人都是世人眼中的天才。天才的秘密，就在于浓厚的兴趣及由此产生的无限热情，再加上勤奋的汗水。

那么，到底什么是兴趣？兴趣的作用具体是什么呢？

通俗地讲，兴趣就是兴致，指人们对事物喜好或关切的情绪。心理学认为，兴趣是指一个人力求认识某种事物或从事某种活动的心理倾向。兴趣不只是对事物表面的关心，任何一种兴趣都是由于获得某一方面的知识或参与某一方面的活动而使人体验到情绪上的满足而产生的。每个人都会对自己感兴趣的事物给予优先的注意和积极的探索，并表现出心驰神往。例如，一个人对美术感兴趣，他就会关注各种油画、美展、摄影作品，对好的作品进行收藏、模仿；一个人对足球感兴趣，一谈起足球他便会津津乐道，一遇到足球比赛便想一睹为快，而且对电视中的足球节目特别迷恋。

当然，这里所说的兴趣是指健康有益的兴趣。所谓健康有益的兴趣，指的就是有利于人才成长和发展的兴趣。换句话说，凡是对人才的成长和发展有好处的兴趣，就是健康有益的兴趣。

兴趣对一个人的个性形成和发展、对一个人的生活和活动起着巨大的作用。这种作用主要表现在以下几个方面。

◆兴趣可以为未来的活动做准备

如果一个人对某项活动产生了兴趣，他就会积极主动地参与这项活动，如果他感觉到该活动非常有趣，就会爱上这项活动，并有可能愿意为该项活动付出一生的心血。例如，对于一名学生来说，如果他对化学感兴趣，这个兴趣就可能激励他主动地积累各种化学知识，研究各种化学现象，为将来研究和从事化学方面的工作打基础、做准备。

◆兴趣对正在进行的活动具有推动作用

兴趣可以使人集中精力去获取知识，并创造性地完成当前的活动。爱迪生几乎每天都在实验室辛苦工作18个小时，但他丝毫不觉得辛苦，正是因为他热爱自己所做的事情，他不认为自己是在被强迫地工作。正是强烈的兴趣和不怕辛苦的精神推动爱迪生完成了一项又一项发明，最终成为“世界发明大王”。

◆兴趣对活动主角的创造性态度具有促进作用

兴趣会促使人深入钻研自己所从事的活动，创造性地工作和学习。就学生来说，如果他对某一门课程感兴趣，他就会刻苦钻研这门课程，想方设法学好这门课程。学习过程中出现的问题就有可能激发他创造性地去思考，这样不仅能帮助他改善学习方法，而且能帮助他提高学习效率和学习成绩。

总之，一个人如果做他感兴趣的事，他的主动性将会得到充分发挥。即使十分辛苦，他也会总是兴致勃勃、心情愉快；即使困难重重，他也绝不灰心丧气，而是会积极地想办法去克服。父母如果让孩子做他感兴趣的事情，孩子就会做得轻松愉快，而且容易取得令人骄傲的成绩。

兴趣让生活充满乐趣

天下所有的父母都希望自己的孩子快乐地成长，希望他们的生活五彩缤纷。作为父母，能为孩子做些什么，使他们漫长的人生道路充满乐趣呢？培养孩子广泛的、健康的兴趣爱好，是每一位父母都可以做到的。兴趣最能让生活充满乐趣。

◆兴趣可以陶冶性情，培养良好的个性

兴趣只要是健康有益的，它都会使人在潜移默化中接受文化、技能的熏陶，变得更加自信，从而对生活充满信心。看着别人能歌善舞，能写会画，而自己什么都不会，你肯定会感到自卑。如果你做着自己感兴趣的事情，一定会感受到一种成就感。

◆兴趣有利于结交朋友，扩大交流

有了兴趣爱好，就有了同人交往的“触点”，就能由此结识与自己有同样爱好的人。在与朋友的交往中，一个人会开阔视野，扩大知识面，使情感有所寄托。生活中有许多圈子，如网球、羽毛球、高尔夫俱乐部，登山、徒步、潜水等户外团体，古玩收藏之家等，这些圈子使有着共同兴趣爱好的一群原本互不相识的陌生人聚到了一起，成为朋友。

◆**兴趣可以让自己快乐，也可以把快乐带给别人**

很多孩子从小学习成绩优秀，长大后考上理想的大学并找到一份稳定的工作，每天过着按部就班的生活，但总觉得生活平淡了一些、乐趣少了一些，所以并不十分满意。多才多艺或者至少拥有一技之长，会给生活平添不少乐趣。

◆**兴趣有利于身体健康**

医生们发现，有兴趣爱好的病人比没有兴趣爱好的病人康复得快。国外某些医院在对病人进行药物治疗的同时，还让病人做自己感兴趣的事，这样，那些卧床或坐轮椅的病人有事可做，就能暂时忘记自己的不幸，从而更快地恢复健康。

兴趣带给人的都是正能量，而这些正能量可以提高一个人的素养和人格魅力，使他感受到生活的阳光和多彩，使他更加热爱生活，使他永远保持一种奋发向上、乐观、豁达与热情的状态。父母应当尽己所能，为孩子提供发展兴趣爱好的空间和沃土，让兴趣为孩子的生活锦上添花！

教你发现孩子的兴趣

儿童心理学家研究发现，孩子从呱呱坠地开始，就是一个对周围环境有着浓厚兴趣的积极探索者。面对五彩缤纷的世界，他觉得一切都是那么的新奇与神秘，他对眼前所有的事物都充满了好奇。就是这种强烈的好奇心，激发了他探索世界的兴趣，孩子爱问“为什么”就是很好的证明。也就是说，每个孩子都有自己感兴趣的事物，只要父母善于观察，善于引导，善于和孩子交流，就能发现孩子的兴趣。

◆给孩子更多的自由空间

孩子天生就对外界的事情充满好奇，尤其是两岁左右的孩子，正处于什么都想尝试的年龄，如果生活环境相对丰富，活动空间相对较大，孩子就会对很多东西都表现出兴趣。只要孩子的兴趣表现出来了，父母想发现它也就不是一件困难的事了。但是，如果父母对孩子设置的规矩太多，给孩子的活动空间狭窄，孩子就会受到限制，父母也就不容易发现孩子的兴趣。所以，作为父母，不要人为地限制孩子的活动范围。

有的父母可能会说，孩子年龄还太小，为了孩子的安全或健康，必须给孩子设置一些规矩或规定。比如，有的父母规定孩子不能动这个，不能碰那个；只能在这个房间玩，不能去那个房间玩；厨房千万不能进；大孩子会欺负小孩子，所以不能和大孩子玩，等等。其实，父母以孩子太小为由限制孩子的活动空间只是一个借口，只要父母多花费一些精力，就可以给孩子扩大活动范围，孩子也就能在这个合理的范围里随心探索，也就能表现出更多兴趣。

◆多带孩子走出家门

孩子的兴趣往往是在广泛的探索活动中产生和发展的。有的父母一天到晚把孩子关在家里，让他学习，让他做作业，这就相当于把开发孩子各种潜能的大门给关上了，孩子当然对什么都表现不出兴趣。父母要经常带孩子进行户外活动，只有让孩子尽情地拥抱大自然，广泛接触社会和各种事物，孩子才能有表现的机会，父母也才能有发现孩子兴趣的机会。

比如，父母可以多带孩子去看电影或者儿童剧，让他们了解电影，近距离接触卡通人物；可以带孩子去公园赏花草，接近大自然；还可以带孩子去博物馆接触平时生活中不常见的物品，了解一些事物的发展过程。在游玩和参观过程中，孩子肯定会提很多问题，父母知道答案的就及时解答，不知道答案的可以和孩子一起寻找答案。这样在每一次提出问题和解决问题的过程中，孩子都在学习，不仅拓宽了孩子的知识面，父母也能从中捕捉到孩子身上的闪光点，了解孩子的兴趣。

◆鼓励孩子积极表现

如果不给孩子表现的机会，他的才能就无法表现出来，父母也就无法发现孩子的兴趣。有的孩子天生胆小、羞怯，尤其不愿意在众人面前表现自己，父母的主要任务就是帮助孩子克服胆怯的心理，给孩子勇气，鼓励孩子在众人面前开口讲话、大胆表演。例如，父母可以给孩子讲英雄的故事；让孩子把东西送到邻居家；多让孩子与同龄孩子玩耍；家里来客人后让孩子端茶水、表演节目等并及时给予赞扬和鼓励；用温和的方式对待孩子的错误。这些都能有效地帮助孩子克服胆小、怯弱的心理。

◆留心观察孩子在各个方面的表现

父母只有对孩子进行全面观察，才能全面了解孩子，才能捕捉住孩子的兴趣点。

观察孩子在阅读方面的表现。如果发现孩子特别爱听父母给自己读书、讲故事、念儿歌，自己也愿意跟着父母念，并且经过多次练习就能背出来，同时自己爱看图画书、童话故事书、儿歌书籍等，读书过程中遇到不认识的字和不明白的内容会向父母请教，这些都表明孩子对阅读有兴趣。

留意孩子的特殊兴趣。孩子的特殊才能往往存在于孩子的特殊兴趣之中，特殊兴趣很有可能是孩子某种天赋的表现。尽管很多孩子的特殊兴趣会随孩子的生活经验和年龄增长而逐渐消退或减弱，只有极少数人在后天努力下能够出类拔萃，甚至成为一代名家。但发展孩子的特殊兴趣能最大限度地发展孩子的潜在能力，为童年生活增添乐趣，为孩子日后的生活提供更丰富的内容和更多的娱乐方式。所以，父母还是应该用心观察孩子处于萌芽状态的特殊兴趣，如音乐、绘画、体育、棋类等。例如，对音乐感兴趣的孩子，会随着音乐的节奏扭动身体；对绘画感兴趣的孩子，对色彩特别敏感，喜欢看五颜六色的图画，喜欢涂鸦。这些都是孩子给父母发出的信号，父母应该读懂这些信号，发现孩子的兴趣，并为孩子的兴趣发展提供支持与帮助。

◆经常和孩子一起玩

父母和孩子一起玩的过程其实就是增进对孩子了解的过程。比如，爸爸和孩子一起玩电子游戏，可以在玩的过程中注意孩子的热情度和专注度，观察孩子的反应灵敏度，进而判断孩子是否对这类游戏感兴趣。再如，妈妈和孩子一起玩纸牌智力游戏，玩的过程中可以观察孩子对数字是否敏感，还可以发现孩子对运算是否感兴趣，借以判断孩子对数学的兴趣。

◆多和孩子沟通交流

父母应该站在和孩子平等的立场上与孩子沟通，多听听孩子的想法，多问问孩子喜欢做什么，或许从孩子天真的回答里可以发现孩子的兴趣所在。

除了以上这几个方面之外，孩子反反复复做的事情往往就是他们感兴趣的，父母只要仔细观察就不难发现孩子的兴趣点。

总之，每个孩子身上都闪耀着各种兴趣的火花，就看父母有没有善于发现兴趣的眼睛，有没有愿意挖掘兴趣的双手，有没有持续激发兴趣的耐心，有没有积极探寻兴趣的精神。

孩子没有兴趣怎么办

有一些父母会说自己的孩子对什么都不感兴趣，所以没法培养孩子的兴趣。其实，这些父母的观点是不正确的。每个孩子生来都是一个探索家，他对整个世界都是感兴趣的。至于看不到孩子的兴趣，一方面是因为父母没有用心地去发现孩子的兴趣，另一方面是因为多种因素的力量使孩子身上的兴趣表现不再明显。前一方面的原因和解决办法已经在前面说过了，所以不再赘述。这里主要探讨是什么原因使孩子探索世界的热情逐渐减退，从而表现得不再明显。

科学研究表明，兴趣的发展有三种结果：一种是自觉地延续。凭着这种强烈的、旺盛的、持续的求知欲，孩子不断主动地学习，巩固和发展这种兴趣。这当然也离不开父母的支持。一种是自发地熄灭。当孩子对某一原来感兴趣的事物失去好奇心的时候，或者缺乏新的刺激、没有良好的环境激发兴趣的时候，兴趣也就像转瞬即逝的火花一样消失了。一种是人为地阻碍。有些父母不懂儿童心理学，缺乏现代家庭教育理念，对孩子表现出来的兴趣不是不予理睬就是不予支持，更甚者还冷嘲热讽、横加干涉，打击孩子的积极性。而孩子刚开始对事物产生的兴趣很脆弱又不稳固，遭遇父母的这种态度，无异于还在孕育中的嫩芽遭受了一场暴风骤雨，被轻易地扼杀在了摇篮之中。

如果孩子遭遇以上三种情况中后两种的任意一种，孩子的兴趣都可能荡然无存。可见，孩子的兴趣能否存在与父母有着莫大的关系。父母关注、呵护与支持有助于孩子的兴趣持续存在；父母无视、无意伤害与有意会令孩子的兴趣不幸夭折。所以，作为父母，应该用心浇灌孩子的兴趣，小心施肥，守护着它开花结果。

如果你觉得自己的孩子已经对什么都没有兴趣了，此时也不必过于着急与烦躁，看看专家如何为你支招，帮助你重新点燃孩子的兴趣。

◆招数1：鼓励孩子模仿

儿童具有极强的模仿能力。甚至有些理论认为，婴儿在出生十几天后就会模仿成人张口、噘嘴等行为。而且，对于孩子来说，越是他喜欢的、熟悉的、见得多的人，他就越喜欢模仿他们的行为。所以，孩子往往会不自觉地模仿自己的父母或者经常一起玩的小朋友。既然孩子的模仿能力强，模仿又是孩子的主要学习方式之一，那么父母为何不充分利用孩子的这一优势，为他提供模仿空间与模仿对象，培养孩子的兴趣呢？

父母对孩子的情绪传递是非常强的。对于年龄较小的孩子，他可能听不懂父母的语言，但是他读得懂父母的情绪，也会受父母情绪的影响。父母对什么东西真心地喜欢和投入，孩子就很容易接受和投入，所谓“耳濡目染”就是这个道理。

◆招数2：允许孩子重复

生活中，有不少父母会发现，孩子总是喜欢反复听同一个故事，或者要求妈妈反复唱一首歌。每当这时，有些父母就会表现出不耐烦的样子，不愿意给孩子讲或唱，有些父母还担心，孩子是不是不喜欢别的故事或儿歌。其实，喜欢重复是孩子心理发育过程中的一个特点。孩子喜欢这个过程，是因为他在期待妈妈讲出来的下一个故事情节或一句歌词，和自己知道的正好一致，这让孩子颇有成就感。很多孩子喜欢看动画片《天线宝宝》，其中的奥秘之一就是“重复”。四个天线宝宝总在重复地说一个词、一句话，很多场景也是重复的，所以孩子很爱看。

因此，当孩子需要你重复做一件事的时候，父母千万不要拒绝孩子或试图改变他的想法，而是要满足孩子的这一需求；发现孩子总在重复做一件事或某一动作时，父母也不要试图制止孩子，让孩子从心里获得成就感。这种成就感可以激发孩子对某一事物的兴趣。比如，孩子喜欢听同一个故事，父母可以给他多讲几遍，直到孩子满意为止。父母可以利用讲故事的过程，让孩子扮演书中小主人公的角色，锻炼孩子的模仿能力；启发孩子说说书中主人公是一个什么样的人，锻炼孩子的表达能力；让孩子给故事编一个结尾，发挥并提高孩子的想象力。这些做法都能激发孩子对阅读的兴趣。

◆招数3：启发孩子提问

孩子天生爱问“为什么”，而很多父母由于知识能力所限或觉得孩子很烦，有时回答“不知道”，有时会说“你怎么那么多为什么”，有时干脆回答“你很烦”，总之不能给孩子一个满意的答案。久而久之，孩子就不喜欢问了。

在启发孩子提问的过程中，父母一方面要把握住所提问的内容要符合孩子的年龄和知识范围，不能提得过难或过易，不然会挫伤孩子思考的积极性；另一方面要注意和孩子说话的技巧，孩子回答不上来时不要急于为孩子提供答案，更不能责备孩子，而是要用启发的方式引导孩子的思路，比如进一步提出疑问和悬念，激起孩子更强的求知欲。

另外，孩子在回答问题的过程中，父母还应给予孩子一定的思考时间，让孩子的想象自由飞翔，并和孩子开展讨论和争论，得出答案后，再进一步引深道理，弄清问题的根源，使孩子对一些较深的问题留下深刻印象，并且用“为什么”“你是怎么知道的”等方式打破砂锅问到底，进而培养孩子深入探究问题的习惯，为激发孩子的兴趣打下基础。

培养孩子持久的兴趣

兴趣带来动力，持久的兴趣才会产生持久的动力。而成功的过程就需要这种持久的动力来支撑，否则会半途而废。其实，父母们都明白，有了兴趣，再加上一份坚持，离成功就不远了，而每位望子成龙的父母也都在尝试着怎么能让两者在孩子身上达到统一。可令人苦恼的是，孩子的兴趣是多变的，一会儿爱上钢琴，一会儿又迷上游泳，而且常常只有三天半的热度，父母这边正为钢琴做着远景规划，他们自己却早就“移情别恋”了。这到底是为什么呢？父母要怎样做才能帮助孩子坚持自己的兴趣呢？父母要从以下几个方面做起，帮助孩子把自身的兴趣转化成内在动力。

◆尊重孩子多变的兴趣

儿童心理学研究表明，八岁以前的孩子在坚持、克服懒惰、忍受枯燥等方面的自控能力还不够成熟，视觉、肌肉、神经以及协调、平衡、运动等能力发育也不完善，所以在进行一些技巧性训练时比较容易遇到挫折，这些都不利于他们在某一兴趣活动上的坚持。了解了孩子生理与心理发育过程中的这一特点，父母就不会觉得孩子兴趣多变的现象难以理解了，也就不会用强迫的态度逼着孩子坚持了。

儿童心理专家建议，要尊重孩子多变的兴趣，特别是八岁以前的孩子，因为如果逼迫孩子坚持，很容易泯灭孩子的兴趣，还会破坏亲子关系。专家还建议，让孩子选择兴趣并坚持下去的最佳年龄是八岁以后，甚至等到十一二岁都无妨。到了那个时候，孩子的审美能力和鉴赏能力都已达到一定的水平，不容易受成年人左右和影响，会更加坚持自己的主意，尤其是美术和音乐方面，更能发挥孩子的想象力和创造力。最重要的是，如果父母之前做得比较好，此时孩子的自信心和安全感都已经建立得比较牢固，受到挫折后不再轻易否定自己，也不会为了讨好父母而学习，他们所表现出来的兴趣便是“对问题的执着力”，也就是对问题的持续高度关注。比如，对于他们格外专注的领域，他们表现出的不是短暂的关心，而是持续地、集中地关心，这很可能成为孩子一生都能坚持下去的兴趣。

◆呵护孩子的好奇心

对新鲜事物的探究反映的就是好奇心，好奇心是孩子保持持久兴趣的根源。因此，父母要为孩子创造一个丰富多彩的环境，使孩子能从中获得不同以往又神奇的感觉，这样才能激发孩子不断探索的欲望，兴趣也才能长久。

一方面，父母可以把孩子的好奇心引导到大自然方面，这无论是对孩子的兴趣培养还是对于孩子的身心健康都是非常有利的。比如，父母可以带孩子观察各种树木花草的变化，也可以看看花蕾最后是怎样绽放的。

另一方面，父母要引导孩子运用正确的方法来满足自己的好奇心，使孩子对知识充满渴求。父母可以给孩子讲故事、和孩子一起动手做小实验，用科学知识来满足孩子的好奇心，如做小传声筒、三原色实验、小电灯等。

此外，父母可以鼓励孩子自己用实际行动去找答案。比如，电脑游戏很好玩，它是怎么设计出来的呢？日全蚀是不是真的是天狗吃太阳？要解决这些疑问，可以让孩子去查计算机书籍或翻阅百科全书，孩子自己找到了答案，就会产生一种自豪感和成就感，探索的兴趣自然也就更大了。

◆认真对待孩子的提问

孩子向父母提出各种各样的怪问题，说明他们在学习的过程中已经动了脑筋，而且反映出孩子对父母的信任。父母对待孩子提出的问题，要保持冷静、客观的态度，认真为孩子作答，因为父母对孩子提出的问题的态度直接影响着孩子好奇心的程度。另外，孩子向父母提问，是他们求知欲望的体现，也可以反映出孩子对知识的掌握程度，父母可以利用这个机会，发现孩子的长处或短处，因势利导，有的放矢地进行教育。

所以，对于孩子的提问，父母应该持鼓励和欢迎的态度，耐心回答孩子的问题，使孩子的好奇心和求知欲得到满足，激发更多的“下一次”。相反，父母对孩子的问题置之不理，或者斥责孩子的提问，那么孩子就不敢再提问，慢慢地就会失去应有的好奇心和求知欲。

父母回答孩子的问题时还要注意引导孩子思考，对于简单问题，可以直接回答孩子；对于比较复杂的问题，则不要急于回答孩子，应该鼓励孩子自己通过观察、对比和思考来得到答案。如果有些问题的答案孩子暂时不能理解，这时不需要勉强他，可以安慰他：“你现在还小，一下子接受不了那么多知识，以后上学了，学的东西多了，你自然就会懂了。”这样可以增强孩子继续探索的兴趣。此外，如果对孩子所问的问题拿捏不准时，一定要告诉孩子“不知道，等妈妈查阅书本后再告诉你”。等查阅后要记得把答案告诉孩子，给孩子一个满意的答复，切莫含糊其辞。

◆帮助孩子树立心中的榜样

榜样的力量是巨大的，它可以激发人的潜能，使人奋发向上，给人一种“不达目的绝不罢休”的韧劲。如果孩子在某一领域表现出强烈的兴趣，父母可以给他讲一讲该领域成功人士的故事，使他们成为孩子奋斗路上的榜样，激励孩子坚持不懈。倘若孩子心中有了明确的榜样，哪怕路上再苦再累，他都会勇往直前。

◆引导孩子体验成功

成功的体验是增强兴趣的催化剂，可以让孩子更加自信地投入到未来的学习中。德国心理学家阿德勒回忆说，上学时他认为自己完全缺乏数学才能，对数学学习毫无兴趣，因此考试经常不及格。后来偶然发生的一件事，让他的潜能像火花一样迸发出来——他出乎意料地解出了一道连老师也不会做的数学难题。那次成功改变了他对数学的态度，帮助他找到了“数学天才”的感觉，结果他成了学校里的数学尖子。

对于孩子正在发展中的兴趣，父母需要开动脑筋，不断变换方法，创造多种环境，采用寓教于乐的方式，引导孩子持续体验成功的感觉。这个过程中，可以给孩子设定不同阶段的目标，尽力帮助孩子实现目标，并给予孩子及时诚恳地赞扬。这样，孩子在每个阶段都能体验到成功的愉悦，由兴趣产生的动力也会持续不断，推动孩子完成最终目标。

需要注意的是，给孩子设定的阶段目标不宜太高，太高时如果孩子完成不了，就会产生挫折感，不利于兴趣的维持。另外，对孩子要多鼓励、少指责，多表扬、少批评，让孩子在快乐中学习，这样才能继续保持探究的动力和热情。

◆帮助孩子解决保持兴趣过程中的困难

兴趣和困难同时并存是很多孩子在兴趣发展过程中存在的问题。兴趣的发展不是一帆风顺的，其中会遇到意想不到的困难，如舞蹈动作不到位受到老师的批评和同学的嘲笑，可能会导致孩子出现想放弃的情况。如果父母能及时发现孩子的困难并帮助孩子解决困难，孩子便会更加有勇气坚持自己的兴趣。

发现孩子的困难后，父母首先应该检测孩子的进展程度是否已经到了力不从心的阶段，如果是，就要及时调整；如果不是，仅仅是枯燥的方式引起的孩子兴趣下降，那也要及时改善方式，增加更有趣的环节。如果父母对于孩子的兴趣不能进行专业指导，可以鼓励孩子找老师要求给予指点，而老师有时会对孩子进行批评，使得孩子不敢去找老师。这个时候，父母帮助孩子建立内在的力量感，让孩子鼓起勇气去和老师沟通就显得尤为重要。经常的情况是，曾经愁眉苦脸的事情，老师一句话就解决了，之后孩子的天空又变得艳阳高照。而这一次次的经历和体验，也会强化孩子克服困难的勇气，使得孩子能够更有勇气地往前走。

◆帮助孩子将兴趣融入生活之中

如果父母能把孩子健康的兴趣培养成他生活中的一部分，孩子就会不间断地做自己喜欢的那件事情，那么他就会轻松地获得成功。这里需要父母做的就是鼓励并督促孩子每天坚持做自己感兴趣的事，让它渐渐地融入到生活之中，让孩子感觉生活中不能没有它，缺了它就好像一天过得不完整一样。

除此之外，还可以鼓励孩子与志趣相同的人交朋友。因为一个人即使对某种活动兴致盎然，也会遇到种种困难，也会有不想坚持的时候，这时如果朋友能够为他排忧解难，给予鼓励，就会激起他与朋友并肩作战的勇气，他就不会再轻言放弃。

总之，培养一项兴趣不易，巩固一项兴趣使之长久更不易。不管培养什么样的兴趣，它都是一项长期工程，贯穿孩子的整个未成年期。所以，父母要以发展的、动态的、乐观的眼光正确地看待孩子的兴趣，要认识到并不是所有的兴趣火花一定都能燎原，不考虑这种兴趣幼芽能否长成参天大树，而以最大的努力去播种它、栽培它，只求过程不问结果，做到“润物细无声”，为孩子的生活增添乐趣。

孩子的兴趣自己做主

如今社会竞争激烈异常，一些父母为了让自己的孩子不输在起跑线上，将来能“成龙成凤”，会在孩子很小的时候就为他们报各种各样的兴趣班。舞蹈、钢琴、绘画、外语、书法……父母和孩子为这些兴趣班投入了大量的精力与财力，结果不是半途而废就是毫无效果。父母根本没有真正考虑过孩子的兴趣和爱好，一味地盲目跟风或按自己的想法为孩子设计道路，结果可想而知了。

为了孩子能健康成长，同时能做自己感兴趣的事情，父母必须把兴趣的选择权还给孩子，只做孩子选择的引导者，让孩子真正做自己兴趣的主人，这样才能推动孩子在某一领域得到最大限度、最持久的发展，并最终取得成就。

◆了解干涉孩子兴趣的危害

无视孩子的兴趣，强行剥夺孩子的兴趣，逼迫孩子做不感兴趣的事，结果必然束缚孩子的发展，使孩子难以有所成就，还不利于亲子关系的和谐发展。

——使孩子失去自信。对孩子兴趣的过分干涉，会使孩子对自己的兴趣爱好产生片面的认识，认为自己没有眼光、没有本事，从而否定自己对事物的判断能力，变得没有自信。

——使孩子产生逆反心理。强迫孩子学习他不愿意学习的东西，孩子就会产生抗拒心理。比如，有的孩子本来对音乐不感兴趣，却被父母逼着每天练琴，结果琴技总是没有提高，于是恨铁不成钢的父母开始斥责甚至打骂孩子，用“你怎么这么笨”等词语刺激孩子。久而久之，孩子开始产生逆反心理，变得痛恨钢琴，有的则变得自卑甚至产生自闭倾向。

——破坏亲子关系。父母忽视孩子的兴趣爱好，不听孩子的解释，不从孩子的角度出发去了解孩子真正喜欢和感兴趣的事物，而是把自己认为应该学的东西强加给孩子，这样会使孩子觉得父母不理解自己、不尊重自己，再加上父母有时过于偏激的言行，容易使孩子对父母产生厌烦的心理，不愿意和父母沟通交流，还会和父母对着干。这不仅对孩子的成长非常不利，也非常不利于亲子关系的和谐发展。

◆把选择权还给孩子

孩子自己选择的事情，往往会因为责任感，促使自己把这件事做好。所以，给孩子一定的选择权利，让他选择做自己喜欢做的事情。即使孩子的选择与父母的期望有差距，但只要是健康有益的兴趣，就应该尊重孩子的选择。当孩子因为兴趣而愿意积极主动地做一件事的时候，他的激情就会像火山爆发一样不可阻挡，创造力和潜力会得到充分发挥，专注、认真、持之以恒的品质也会得到锻炼，非常有利于孩子的成长。

当然，对孩子的兴趣选择也不能全部听之任之，当孩子的选择有所偏差或不利于身心健康发展时，父母要给予适当的引导和帮助。比如，孩子沉浸在对足球的兴趣中，影响了正常的学习和生活，父母就应该给予一定的干预，教会孩子正确处理两者之间的关系，合理安排时间，而且要用孩子可以接受的方式，切不可简单粗暴地加以制止。

总之，在孩子选择兴趣爱好时，如果不尊重孩子的选择，而是强迫孩子沿着父母预先设定的方向前进，父母虽费尽心思，结果却只能是“有心栽花花不开”。尊重孩子的兴趣，支持孩子发展兴趣，孩子为实现梦想而奋斗的道路上就有了强有力的后盾，他离成功也就越来越近。

【父母学堂】

财富、兴趣、幸福、荣誉、成功，你选哪个？

作为孩子的父母，你选择的是哪一把钥匙呢？如果你选择了“兴趣”之外的其他答案，说明你根本不了解兴趣的作用及其重要性。事实证明，兴趣是孩子获取知识的最大动力，父母若不能认识到兴趣的重要性并从思想上足够地重视它，那支持孩子发展兴趣或者培养孩子的兴趣也就无从谈起。如果你选择了“兴趣”，则说明你已经认识到了兴趣的重要性，那么接下来你会如何对待孩子的兴趣呢？为了把孩子培养成名，或者为了考试加分来设计孩子的兴趣；把自己的兴趣强加给孩子；报兴趣班盲目跟从……如果你真这么想，那只能说明你只是对兴趣有表面上的理解，还没有真正领会兴趣的本质。那么，为了让兴趣带给孩子更丰富的生活内容和更多的快乐，让兴趣引领孩子成长，你需要这样做。

◆从思想上高度重视兴趣的作用

一个人对某项活动感兴趣，他就特别愿意参与该项活动，即使该项活动在别人看来是枯燥的，他也能够克服该项活动过程中的种种困难，迎难而上，而且不觉得辛苦，他还特别能够为该项活动忍受别人的冷嘲热讽，而且不轻言放弃。这就是兴趣的力量。

具体来讲，兴趣能够让一个人为某一件事花更多的时间来学习，因为会出现“放不下”的现象，本来准备花 5 分钟，结果花了15分钟；兴趣能让人不觉得无聊，因为在学习的过程中能够感受到乐趣；兴趣也能够让学习效果更好，因为一个人在做自己感兴趣的事情时会更投入，留下来的印象也就更深。所以，父母一定要重视培养孩子的兴趣，将兴趣转化为让孩子受益终身的能力，这样才能培养出卓越的孩子。

◆保持一份平和的心态

父母首先要明白，培养孩子的兴趣，是为了给孩子的童年生活增加乐趣，为孩子日后的人生提供丰富的娱乐方式，让孩子的人生道路不枯燥，从而活得更加精彩。如果父母认为培养孩子兴趣的目的就是为了培养一代名家，那么在这种观念的驱使下，必然会对孩子要求过于苛刻，甚至不顾方式方法和孩子的接受能力，逼迫孩子达到父母心中的目标。这个过程中，孩子心中会产生不满情绪，对所学的东西产生反感，甚至可能引发与父母的冲突，破坏亲子关系。试想，这种情况下，孩子如何能够学好父母要求自己学好的东西呢？

事实上，不是每种兴趣的幼芽都能长成参天大树，只有极少数人能在兴趣的引领下，通过后天的努力，成为一代名家。而大多数人发展兴趣，注重的是其中的乐趣，让兴趣为生活增添点色彩，他们就已经感到很幸福了。这才是针对兴趣培养的健康的心理。比如，茶余饭后，弹奏一曲自己喜欢的曲子，自己感到万分惬意，心情愉悦，这就是学习弹琴的意义。又如，心情浮躁时，可以坐下来写写毛笔字，心情就会平静许多，会觉得小时候的书法没有白练。有了这份心态，相信在培养孩子兴趣的过程中，父母和孩子都是轻松的。

◆切勿从功利角度设计孩子的兴趣

现在社会上的各种兴趣班层出不穷，而偏偏考试又与特长挂上了勾，所以有的父母为了能让孩子考试加分，不管孩子喜欢不喜欢，都让孩子上兴趣班。

望子成龙、盼女成凤是父母共同的心愿，但是不顾孩子的兴趣与爱好，粗暴地强制孩子去做他根本不感兴趣的事情，即使投入再多的金钱和精力，结果也只能是一无所获，孩子不但得不到任何发展，甚至还可能会酿成悲剧。

另外，一些父母让孩子发展兴趣，是为了孩子成功时自己的脸上有光。抱着这样的私心，孩子在发展兴趣的过程中不会感到快乐，做父母的也不会有满意的收获。因为一想到在孩子身上钱花了不少，却得不到回报，父母便不能给孩子多一些理解和宽容，往往还用暴躁的态度逼迫孩子，使得家庭气氛紧张，亲子关系不和。这都是因为父母的目光受到利益的限制所导致的结果。

◆不能把自己的兴趣强加给孩子

有些父母认为自己感兴趣的事情，孩子理所当然地也应该感兴趣；或者自己得益于某种兴趣爱好，就要孩子也去发展这种兴趣爱好。于是，他们从自己的喜好出发来设计孩子的兴趣。比如，妈妈喜欢弹琴，她就觉得儿子也应该喜欢弹琴；爸爸喜欢下棋，并从中获得乐趣，他就让女儿也一定要学会下棋。其实，这只是父母的一厢情愿，孩子不一定感兴趣。很多时候，当父母把自己认为好的东西一味地强加给孩子，父母累坏身体，伤了精神，换来的却是孩子的严重反抗或自残。这都不是做父母的想要的。

所以，父母一定要站在孩子的角度，发现孩子的兴趣，并给予支持和引导，把自己的兴趣强加给孩子是不明智的。

◆问问自己，问问孩子，兴趣班非上不可吗？

——我想让你去，你想去吗？如果父母要为孩子报兴趣班，首先应该征求孩子的意见，孩子同意去则去，孩子也有说“不”的权利。然而，当孩子说“不”时，很多父母就会大发雷霆，说“以前爸妈想去学都没有这样的条件，现在你有这么好的学习环境，竟然不去学”之类的话，把自己的意愿强加于孩子身上，这是最错误的教育心理。不管是逼着孩子去还是孩子自愿去，父母都要以孩子喜欢为前提，只有孩子喜欢，他才会去认真地学习，任何逼迫孩子学习的方法都是错误的，结果只会对孩子造成许多不良的影响。

——如果孩子心血来潮，可先试探他的决心。如果孩子想报兴趣班，父母可用试探的方法，把学本领要吃苦的道理和孩子说清楚，看他能否坚持，如果他还是很坚定地要学，那么就让他学。毕竟“我要学”要比“要我学”好多了。上兴趣班后，父母可以和孩子的老师沟通交流，一起努力找准孩子的兴趣点、发展点来选择兴趣班，总之要做到尊重意愿，满足需要，培养兴趣。

——报兴趣班不能盲目跟风。现在社会上的兴趣班五花八门，不少父母给孩子报兴趣班有一种从众或是盲目攀比心态：别的小朋友都去上兴趣班，不让自己孩子上，就等于孤立他了。比如，有的父母看见别人家的孩子学跳舞，就让自己的孩子也去跳舞；看见别人家的孩子去学下棋，就把自己的孩子也送去学下棋。其实这种想法对孩子不好，每个孩子的特点和个性都不相同，不是所有的孩子都适合同一种兴趣班，所以不要盲目跟风。这种盲从不仅会使孩子厌倦学习或出现半途而废的情况，不利于培养孩子的兴趣，而且会让父母彻底失去弄清楚孩子真正兴趣的机会。

第2章　天赋+兴趣=特长

别把天赋当成兴趣

什么是天赋？天赋就是与生俱来的特殊才能。说得通俗点，天赋就是一个人天生就具备的一种超强才能，这种才能不是经过后天培养而获得的。它与众不同，熠熠生辉。心理学家认为，天赋极高的孩子在绝大多数情况下比普通孩子更早地学会说话、读书、写字和做数学题；对自己感兴趣的事情表现得很执着；记忆力很好，学东西比一般人快。

前面说过，兴趣来自一个人的内在需求，是一种无形的动力，一个人一旦对某事物产生了浓厚的兴趣，就会主动去求知、去探索、去实践，并在求知、探索、实践中产生愉快的情绪和体验，即使困难重重也不退缩。

由此可见，天赋和兴趣并不是同一回事。天赋是一种与生俱来的才能，不需要经过后天去培养；而兴趣可能是天生的，但兴趣可以经过后天培养而获得，很多孩子的兴趣都是经过后天的培养而得到并维持的。而且，有的人对自己有天赋的领域并不感兴趣，而有的人在自己感兴趣的领域内并无天赋。比如，一个人表现出非凡的写作才能，可是他并不想当作家；有的人对网络游戏表现出异常的兴趣，可是他却不具备开发网游的天赋。

如果孩子能在自己最感兴趣的领域施展天赋，也就是说天赋和兴趣在同一领域达到统一，那么孩子就会如虎添翼，想不成功都难。而如果两者不能达到统一，那么天赋和兴趣哪一个对孩子更重要呢？很多人认为，兴趣比天赋更重要。因为一个人对某件事情感兴趣，他就会很自然地用心去做。“小肖邦”贺鹏程的父亲贺开国在介绍自己培养儿子的音乐才能和学习钢琴的诀窍时说，“不必强求天赋，保持兴趣最重要。兴趣浓了，孩子就会为之着迷，再辅以专业技术的培养就水到渠成了。若孩子对音乐没了兴趣，打骂强迫都没用。”

虽然天赋与兴趣是不同的，但二者还是有一定联系的。天赋往往隐藏于兴趣之中，父母可以从孩子的众多兴趣中挖掘孩子的天赋，一旦兴趣和天赋产生交集，孩子的前途将不可限量！

每个孩子都有与生俱来的天赋

每个孩子生来都拥有一个神秘的宝藏，那就是天赋。也就是说，每个孩子都有与生俱来的天赋，只不过每个孩子的天赋各不相同。比如，有的孩子能弹一些简单的曲子，而这全是他凭耳朵听来的，而不是刻意学会的；有的孩子有着过目不忘的本事；有的孩子小肌肉发展非常好，所以手很巧，做细节的东西很在行；有的孩子在做细节方面显得笨手笨脚，但在运动方面却表现得很优越。有的孩子天赋极高，而绝大数孩子的天赋表现平常。

要发掘孩子的天赋，父母首先要相信自己的孩子是独一无二的，相信孩子身上一定存在着某种特殊本领或技能，用赏识的目光来看待孩子，不用成人的标准、愿望、喜恶来培养孩子，不刻意将孩子塑造成父母想要的样子。有了这个前提，再去用一般的标准衡量孩子在某个领域是否具有天赋，对孩子才是公平的，父母也才能真正发掘出孩子的天赋。父母们可以用以下标准衡量孩子在某个领域是否具有天赋。

◆领悟力很高

孩子在他的天赋领域里往往会表现出很高的悟性。悟性是指对事物深入地理解和体会。也就是说，在付出同样努力的情况下，在这一领域所取得的成绩会优于其他领域，与同龄人相比也具有一定的优势。上面说过，莫扎特小时候自己并未学弹琴，只是在旁边听父亲教姐姐弹钢琴，自己就会弹了。这说明莫扎特对音乐节奏的领悟力很高，具有很高的天赋。

◆创造力很强

孩子在他的优势领域里往往会表现出很强的创造力。比如，孩子涂鸦时，常画一些房屋建筑，“设计”自己想象中的房屋，平时喜欢把注意力放在看房屋、商店橱窗和办公大楼上，自由活动时，喜欢玩建筑积木，每次都力争搭建出不同造型的房屋，有的甚至是生活中没见到过的。这就是孩子创造力的表现，他也许是个正在成长中的建筑师。

具体来讲，父母可以通过以下几个方法发掘孩子的天赋。

◆鼓励孩子在多种领域进行尝试

父母不要以成人的眼光过早地把孩子定位在某一领域，而是应给孩子提供在多种领域尝试的机会和条件。比如，可以在家中的一个房间或是一个角落，放上各种乐器、画板、彩笔、纸张、图书等，让孩子随意尝试，孩子的兴趣及天赋就会逐渐显现出来。父母还可以多带孩子走入大自然之中，开拓孩子的眼界，丰富孩子的知识，见识和了解得多了，孩子的天赋自然会表露出来。

父母在给孩子提供多种领域尝试的同时，观察记录孩子的表现，以积极的态度，尽可能多地注意孩子积极的方面，记录他的优点和长处，这对准确发现孩子的天赋有很大帮助。

◆用心了解自己的孩子

每个孩子都是一个独立的个体，父母要站在孩子的角度，关注他喜欢什么，兴趣在哪里，而不是把自己未实现的愿望或理想强加在孩子身上。父母要经常与孩子进行交流，问问孩子喜欢什么，为什么喜欢；讨厌什么，为什么讨厌。在让孩子参与或学习某项活动时，听听孩子的意见，问问孩子想不想学、喜欢不喜欢学。还要细心观察孩子日常生活和游戏中的行为举止，孩子那时往往会表现出真实的自我，父母要从中发现孩子的喜好，并对孩子表现出来的天赋和才能给予肯定和支持，尽可能多地找机会表扬孩子的特长。

另外，父母可以从熟悉孩子的人那里听取意见，如询问老师，老师可能会看到孩子在父母面前并不表现出来的特长。

◆教孩子学会欣赏

如果孩子的潜能一直处于休眠状态，那是非常可惜的一件事。有人类关系学家认为，如果六岁前，孩子的潜能被发现并得到培养，那么他未来更容易突破平庸，得到更多的自我满足。而欣赏、评论别人独特才能的过程也是展现潜能的途径之一。父母经常带孩子观看电影、舞台剧，欣赏音乐会，或是参观画展、博物馆、科技馆等，让孩子通过对艺术品的感受、想象、体验、理解和鉴别等一系列视觉思维活动，开阔孩子的视野，扩大孩子的认知领域，从而提高孩子的艺术素养和审美能力。

◆重视孩子的学习成果

父母可以把孩子的作品展示在家中最显眼的地方，这意味着对孩子学习成果的重视。这样可以激励孩子在自己喜欢的领域不断努力，他的天赋就会慢慢表现出来。

天赋让孩子更加自信

每个人在生活中都会有这样的经历：当你在某一方面取得好的成绩或者获得周围的人的认可时，心里会充满自豪感，更加信心百倍，之后会做得更好，这是因为你充满自信。自信对于孩子的作用也是一样的。如果孩子在某一方面有自信，表现优秀，得到老师和家长的认可，他就会越来越喜欢这一方面。比如，一个孩子在数学学习上总能表现得令自己、老师和家长满意，考试总能得高分，在课堂上也愿意回答问题，这就是孩子自信的表现。相反，如果一个孩子在英语学习上表现较差，他就不愿意学习英语，也不愿意回答问题，这就是孩子缺乏自信的表现。

天赋能让孩子比一般孩子更快更好地完成一件事情，这能给孩子增添不少自信。比如，一个拥有数学天赋的孩子，他能在做数学习题时比其他孩子更快地完成，准确度也高，考试也能考出高分。这样，孩子能够赢得更多的肯定与赞赏，在认可与夸奖的声音中，孩子会受到更大的激励，也会更加努力，继续取得更好的成绩。这是一个良性循环。

然而不幸的是，大多数孩子并不是在小学五六年级才落后的，而是一入学就掉队了，之后就一直找不到成功的感觉。由于他们的潜能始终没有能够得到发挥，因此干什么事都处于落后的位置，经常被父母和老师所否定，自尊心受到伤害，对自己越发缺乏自信，感觉成功的希望越发渺茫。这使孩子陷入了一种恶性循环，容易使孩子自暴自弃。

西方一位教育学家指出：“其实所有的孩子生来都是天才，但我们却在他们生命最初的六年磨灭了他们的天资。”所以，为了发现并发挥孩子的天赋，父母需要始终保持赏识的心态和积极的言行。因为没有任何方式比关怀和赏识更能刺激孩子的想象力、创造力和智慧。这就是赏识教育。赏识教育的奥秘就是让孩子觉醒，推掉压在无形生命上自卑的巨石，于是孩子的潜能就会像火山一样爆发，如排山倒海，势不可当，所有的学习障碍在孩子巨大的潜能面前，都将显得微不足道。

当孩子的天赋表现出来后，父母又该怎么做呢？有些父母会用“有用、没用”“有利于学习、不利于学习”这样的思维来看待孩子的行为。这是父母们受应试教育影响太深所表现出来的一个习惯认知特征。父母们习惯了循规蹈矩，因此即使明知道不妥，也不愿意打破这个框框。假如，你的孩子喜欢上了泥塑，并表现出很高的艺术天赋，你是让孩子继续走应试教育之路，还是让孩子自己选择自己的成长道路呢？如果按照你的安排，孩子多年后会拿到一张专业文凭，然后去找工作，接下来就是按部就班地上班，但是孩子找不到任何快乐，也不自信，所以不可能取得令人骄傲的成绩。而如果让孩子自己去选择，由于孩子对自己热爱的事情满怀信心，他完全会在多年的学习实践中成为泥塑行业的一个佼佼者，收入多少不说，至少乐在其中。这两条路哪条能让孩子快乐成长显而易见：一个是主动去学、乐意去学、快乐地去学；一个是被动地学、无奈地学，甚至痛苦地学。当然是孩子快乐地去学更有利于孩子的成长和发展。

作为父母，真正的教育就是尊重并支持孩子的天赋，带领孩子做出适合孩子发展的选择，使孩子走上属于自己的天赋之路。而且父母们要坚信，如果孩子不自信，是因为他没有找到让自己自信的东西。如果让孩子在另一个天地里展示了自己，发挥了自己的天赋与特长，他就可以找到自信，甚至通过找回的自信努力把自己弱的一面提高上来。

天赋再高，也需努力

《伤仲永》是小时候语文课本里的一篇课文，读过的人无不为方仲永的遭遇感到惋惜——

方仲永出生在一个普通百姓家庭，世代以耕田为业。仲永五岁时，不曾认识纸墨笔砚，一天却忽然哭着要这些东西。父亲对此感到很诧异，从邻居家给他借来书写工具。仲永立即写了四句诗，并且题上了自己的名字。之后，指定物品让他作诗，他能立即完成，诗的文采和道理都有值得观赏的地方。渐渐地，同县的人都以宾客之礼对待仲永的父亲，有的人花钱请仲永作诗。父亲认为有利可图，每天拉着仲永四处拜访，不让他学习。仲永十二三岁时，他写的诗已经不能与从前的名声相称了。又过了几年，仲永的才能完全消失，变得和平常人一样了。

仲永的通达聪慧是先天得到的，而且他的才能远胜于一般有才能的人。然而他最终由神童沦落为一个普通人，是因为他后天受到的教育没有达到他的天赋所要求的程度，致使天赋失去了后劲，如同稚嫩的幼芽失去了肥沃的土壤和充足的水分一样。

也许拥有高天赋并最终获得成功的人比普通人更加懂得后天努力的重要性。被国际象棋界誉为“天才少女”的侯逸凡，自出道以来就以火箭般的速度，在短短几年的时间内跻身国际象棋的前列，成为中国继谢军之后当之无愧的未来领袖。在谈到成功的秘诀时她说，“天赋很重要，这一点我不否认，但是后天的努力更重要。我每天不是比赛，就是练棋，还要抽时间上一下文化课。”由此可见，天赋高的人能够成就一段辉煌，并不是躺在天赋上等待上天的眷顾，辛苦的付出也是必需的。

所以，父母不能看到孩子拥有极高的天赋就得意忘形，认为只要有天赋躺着都能成功，认为孩子不需要任何努力也能成为佼佼者。一定要特别注重后天的教育和努力，为孩子提供良好的学习环境和机会，通过正确的方式引导孩子不断发挥天赋的作用，让天赋开花结果。

从行为和性格看孩子的天赋

每个孩子都是一个与众不同的小天使，下凡的时候把翅膀藏起来，化成了他们的天赋，所以每个孩子都是特别的，都有不同的才能等待被发掘。但是，不是所有的父母都是长有慧眼的伯乐，大多数父母往往看不到孩子的天赋，又想培养孩子的一技之长，于是给孩子报各种各样的兴趣班，却不知兴趣班并不是孩子的兴趣所在，结果不仅浪费了金钱和精力，更加重了孩子的心理压力和精神负担。

面对这种情况，父母应该怎么办呢？办法只有一个，那就是尽早发现孩子的天赋，并给予合理引导和恰当支持。其实，孩子的天赋通常会通过行为和性格表现出来，只要父母善于观察，就一定能够发现。

◆这样的孩子具有语言天赋

具有语言天赋的孩子，一般在以下几个方面表现得较为突出：

——说话往往比同龄的孩子早。一般来说，2～3个月的婴儿已经能够发出喉音，每当大人逗乐的时候能发出“啊”“伊”等音；7～8个月能发简单音节；1岁左右可以发两个重音的字，如灯灯、东东、饭饭等。

——如果父母在孩子非常熟悉的故事中更换了一个词，他会马上改正过来；喜欢用各种词语描述自己感兴趣的事物；喜欢讲故事，并且讲得绘声绘色；有着超前的词汇量，能够编出复杂的故事，并且很少犯读法错误。

——爱说话，语速也可能很快，而且通常要睡着了才会停下来；喜欢抬杠，并且试图用她的论点来将你驳倒。

——能出色地记忆诗歌和电视播放的专栏乐曲。

语言熟练可能是天才孩子的一种早期迹象，这也是孩子在学业上或其他许多方面获得成功的关键。

◆这样的孩子具有数学天赋

不少父母认为，在孩子学会加减乘除之前，是看不出孩子的数学天赋的。其实不然，孩子在搭配、归类时表现出的一定的逻辑思维能力，就是和数学天赋有关系的。比如，孩子能给袜子进行配对，知道一双筷子搭配一个碗、一张桌子四周要摆四把椅子，这些都是他积极思维的表现。又如，孩子爱把玩具根据颜色、尺寸和形状分门别类，喜欢将物品摆放得整齐有序；能够记住一些电话号码，对一些重量、长度、金钱的数字比较敏感；能够理清家庭关系，知道谁和谁是夫妻，知道远房亲戚怎么称呼。这些都是孩子逻辑清晰的证明。

孩子上学后，算题比较快，准确度高，而且在练习较少的情况下总能考出高分甚至满分，也说明孩子在数学方面具有天赋。

◆这样的孩子具有音乐天赋

具有音乐天赋的孩子，他们对音乐的反应特别敏感，尤其是一些特别的音乐，非常容易引起孩子的注意。比如，孩子在哭闹的时候听到异常优美动听的音乐，他会突然停止哭闹，而且会手舞足蹈，有些孩子还能和着音乐节奏做出各种身体动作，孩子喜欢随着音乐跳舞或唱歌，喜欢听各种乐器演奏，能够根据音响敏捷地判断出是什么乐器，善于描述所听到的各种声响，可以对不同的声响进行评论，这些也都是孩子具有音乐天赋的表现。

◆这样的孩子具有绘画天赋

鲜艳的花朵，美丽的彩虹，湛蓝的天空，五彩的灯光，当孩子开始对这些有颜色的事物感兴趣时，父母要给予重视，这可能是孩子发出的一个信号：他有着不错的绘画天赋。孩子对涂鸦尤其感兴趣，这也是孩子绘画天赋的表露。

◆这样的孩子具有运动天赋

具有肢体运动才能的孩子，他们的动作协调、优美，很容易就能学会骑自行车、溜冰等，善于模仿别人的各种动作和表情，喜欢不停地做事，喜欢运动类的游戏，喜欢运动和舞蹈。这些孩子具有高级的精细运动技能，父母要确保每天给他们安排适量的体育活动，以满足他们需要运动的需求。

◆这样的孩子具有领导天赋

在游戏、表演和大部分其他事情中，孩子总是喜欢发号施令，给小朋友们安排游戏角色，协调大家之间的矛盾；就一件事情该如何来做，孩子有着强硬的态度，而且总是试图说服他人按照自己的想法去做。孩子这样的表现告诉家长，他有着不凡的领导才能。家里有这样的孩子，父母不妨让孩子自己做主去做一些事情，以满足孩子的领导需求。比如，让孩子按照自己喜欢的方式布置自己的房间；在解决某个家庭问题的时候有意向孩子求助："我们游泳老是迟到，你能否想出什么办法让我们不再迟到呢？"

总之，判断孩子的天赋不是通过简单的对话和交流就能够实现，也不是靠纸和笔的测试就能够实现，而是必须在具体的活动、交往中，从各个方面、各个角度对孩子进行仔细观察，才能准确理解和把握孩子的天赋所在。

【父母学堂】

天赋+兴趣=特长

上天赋予鸟儿飞翔的本领，鸟儿才能在属于自己的天空展翅高飞；上天赋予鱼儿游泳的才能，鱼儿才能在浩瀚的大海里来去自如。如果让鸟儿学习游泳，让鱼儿学习飞翔，那么任它们再怎么努力，都注定是一无所获的。这就是说，一个人只有在自己拥有天赋的领域去努力，才最容易成功。试想，如果把比尔·盖茨变成一个音乐家，他能取得多大的音乐成就？如果把贝多芬变成一名程序员，他有可能成为比尔·盖茨吗？肯定不行。天生我材必有用，每个人都有自己的天赋，只有找到天赋所在，才能把自己的潜力发挥到极致。

找到天赋重要，找到兴趣也同样重要，甚至更为重要。如果孩子做的事情是自己最喜欢的事，那么他会在吃饭、睡觉甚至洗澡时都想着那件事，成功对他而言就不是很难。

可见，天赋和兴趣对一个人的成功都起着巨大的推动力量，那么我们为何不试着让两者在同一领域同时发挥力量呢？那样的话，它们凝聚在一起的力量将是惊人的。如果能让孩子在兴趣领域发挥天赋，或者将天赋培养成兴趣，也就是促使天赋与兴趣达到高度统一，那么孩子将是如鱼得水、如虎添翼，成功指日可待。

比尔·盖茨曾经说：“知道自己究竟想做什么，知道自己究竟能做什么，这是成功的两大关键。”在进行职业生涯规划之前，他建议大家思考两个问题：一是你想做什么；二是你能做什么。通过第一个问题，你可以了解自己的兴趣；通过第二个问题，你可以了解自己的天赋。如果一个人能够准确地回答这两个问题，那么他已经踏上了成功之路。要想形成最具有竞争力的特长，最好的办法莫过于在自己最感兴趣的领域施展天赋，简单地表述就是“兴趣+天赋=特长”。

孩子还很小的时候，他们不可能对自己有如此深刻地了解——知道自己想做什么和能做什么，所以父母就要运用自己的智慧去发现孩子的天赋与兴趣，引导孩子顺应兴趣，做最擅长的事，将天赋与兴趣结合起来，帮助孩子形成自己的特长，指导孩子做好人生规划，使孩子在快乐中轻松地成为职业中的佼佼者。

第3章　引导孩子在“玩”中成长

“玩”是孩子最感兴趣的事情

快乐童年是一个人一生幸福的起点，然而如今的孩子们的童年越来越枯燥，从小就要上各种各样的兴趣班，上学后的周末、假期不是被各式各样的培训班、辅导课塞满，就是自己窝在家里打游戏、看电视……这样的童年不是孩子们所想要的。事实上，玩才是孩子们最感兴趣的事情，没有哪一个孩子不喜欢玩，因为玩是孩子的天性，玩是孩子的权利。不能享受到游戏所带来的快乐的孩子，就失去了真正意义上的童年。

玩是孩子生活中不可缺少的组成部分，是他们最基本、最喜爱的活动。玩的过程中，孩子可以任意支配自己的玩具，可以自由想象，可以虚构各种情节，也可以随时变动游戏内容。同时，还可以将他所认识的世界搬到游戏当中，逼真而有趣地扮演社会上的各种人物，如可以当司令、当老师、开飞机、坐火车，也可以当坏蛋。而且，任何材料都可以作为他们游戏的道具，如可以拿树叶当饭菜、把沙土当调料、用细枝当筷子、将石子当药品等。玩不仅满足了孩子参加社会活动的愿望，而且孩子在玩的过程中可以尽情活动，开展各种各样的竞赛，通过钻、爬、跑、跳、躲、抓等欢快的形式来满足他们活泼好动的性格要求。

游戏的具体性、社会性、虚构性、兴趣性正好适合孩子性格的好奇性、模仿性、情绪性，以及认识的具体性和想象的丰富性等特点。因此，玩游戏自然就成了孩子的生活需要，成为孩子最喜爱并积极参加的一种轻松愉快的活动。在玩中，孩子在假想的情景里自由地做着自己向往的各种事情，尽情地享受着其中的乐趣。

明明知道孩子的生活离不开游戏，可是有些父母还是不能顺应孩子的身心发展规律，不尊重孩子的天性，总是剥夺或取消孩子玩的权利，殊不知这样做会限制孩子的发展，不利于孩子快乐成长。上学前，各种兴趣班占用了孩子大部分玩耍时间，可孩子对所谓的兴趣班并不感兴趣。上学后，父母最爱对孩子说的一句话就是“你就知道玩，不知道学习”。孩子放学回来玩一会儿，父母就会很不高兴，催着孩子赶紧去做作业；如果孩子说 “作业做完了”或者“今天没留作业”时，父母又会马上说“你不会好好看看书啊”或者“你再做点补充练习去”。这些父母把孩子玩看成是一种“错误”，把孩子玩当作“大敌”去对待，甚至有的父母公开说“必须把孩子的时间都占领，叫他根本没有玩的工夫”。于是，孩子完全失去了本来就少得可怜的空余时间，包括晚上做完家庭作业后时间、星期六、星期日的时间。难怪有一位小学低年级的小女孩天真地问她的爷爷：“爷爷，我什么时候退休啊？”可见，孩子的负担实在太重了。

其实，懂得了玩是孩子的天性和对孩子的重要性，对孩子好玩的心理和行为就不难理解了，也就不会一味地责备孩子贪玩了。做父母的在限制孩子玩的时候不妨这样想一想：你自己爱不爱玩、需要不需要玩？你是不是长时间看书、思考问题后觉得自己反应很慢，脑子好像特别不好使？你是不是发现劳逸结合做事的效率非常高？你是不是在痛痛快快地玩了一番以后，工作、学习干劲更足了？答案是肯定的。这样想过之后，你就会对孩子宽容很多。

这对“另类”父母懂得抓住孩子喜欢玩的特点，合理地给孩子开辟玩的时间，既满足了孩子需要玩的要求，同时让孩子有足够的热情留给学习。

教育心理学家研究发现，孩子一生下来，就开始通过玩来了解世界。玩，不仅有助于拓展孩子的想象力和创造力，还可以增加他们与人交往和学会如何与人相处的机会，以及学会理解他人、控制自己的本领。比如，爸爸妈妈可能会经常看到孩子一边玩玩具一边自言自语的现象，这实际上是一种创造性的说话游戏。在游戏中，孩子不是代表自己说话，而是代表游戏情境中的某一角色说话，如在玩玩具熊的过程中，孩子可能会把自己想象成小白兔，和玩具熊说个不停。这类游戏是孩子发展语言能力的主要途径之一。又如，孩子通过玩可以在冲突中学会相处。孩子和同伴在一起玩得很开心，尽管有时候会发生冲突，但几分钟后又开开心心在一起玩了。这种和同伴一起玩的活动就是孩子的社交游戏。这种游戏对于孩子社会性发展具有巨大的价值。

另外，孩子在玩的过程中能学到各种知识，如孩子玩沙子能了解沙子的特点和用处；看蚂蚁能了解蚂蚁的习性；孩子搭积木可以激发想象力和锻炼手指灵巧；孩子踢球能发展运动能力；孩子扮医生给人看病正是在学习理解一种常见的人际关系。

总之，孩子聚精会神地玩的时候，正是他忘我地探索世界的时候，这是一种最好的学习方式。父母剥夺孩子玩的机会，无异于剥夺了孩子学习的机会。中国教育家陈鹤琴先生说："小孩子生来是好动的，是以游戏为生命的。"玩就是不谙世事的孩子的生命，就是他们的工作，和成人的工作具有同样重要的意义。所以，父母不要只关注孩子的学习，应该尽可能给孩子提供符合年龄的游戏材料和游戏空间，营造宽松的心理氛围，并和孩子一起游戏，教会孩子劳逸结合，做到玩与学两不误。

会“玩”的孩子更聪明

孩子在父母心中的“不正常”，是因为孩子被剥夺了玩的权利而自然流露出来的“无声的反抗”——他不愿意学习，不喜欢思考，所以在父母眼中他反应慢、成绩差。这也是父母限制孩子玩所带来的后果。通过这个例子不难看出，限制孩子玩对孩子、对父母都会带来伤害：孩子对学习不感兴趣，甚至憎恨学习；父母对孩子太过严格，致使孩子对父母疏远，影响亲子关系。事实上，会玩的孩子更聪明，这个聪明不单单体现在学习成绩方面，而且体现在生活的方方面面。

◆会玩的孩子，智力在玩中获得了开发

孩子在玩的时候，动手的机会特别多，而孩子的智慧就在他的手指尖上，所以说玩对发展孩子的智力很有好处。平常说的“心灵手巧”就是这个道理。科学实践证明，2～5岁的孩子中，爱玩的孩子的大脑比不爱玩的孩子至少大30%。因为在运动和玩耍的过程中，孩子要完成掌握平衡、协调心理、处理问题等几十种与大脑和思维活动有关的动作，而这些动作正是刺激大脑发育的重要因素。

◆会玩的孩子，创造力在玩中得到了发掘

玩的本质是探索，世界上许多伟大的发明创造，都与孩子的玩耍有关。

水和沙子是孩子天生的玩具。大多数孩子特别喜欢在雨天里踩水，不管妈妈在身后如何指责、阻挠，他也要看看水花是怎么往上溅的。沙子和泥土对成人来说，也许是一些不受欢迎的东西，但它们却可以给孩子带来无穷的乐趣。孩子经过沙堆和石子堆时，偏偏要从这“小山”上走过去，还要伸手抓点东西，然后再扔出去。有时候就索性蹲在沙土堆边，造起“小山洞”，挖起“小河沟”来。这都是孩子具有创造力的表现。

不让孩子玩，等于在泯灭他们的天性，也让孩子失去了创造的驱动力，一切创造发明都无从谈起。许多有特长的孩子，就是在课余时间玩自己爱玩的东西，从而有了小发明、小创造。

◆会玩的孩子，各方面的能力都能在玩中得到锻炼

玩体现的是一种主动学习的态度，它还可以锻炼孩子其他各个方面的能力。例如，妈妈和孩子玩老鹰抓小鸡的游戏，在抓和被抓的过程中，孩子跑、跳，双臂张开，练习了动作协调及平衡；孩子在做老母鸡保护小鸡的过程中懂得了同情心，学会了帮助别人，也理解了鸡妈妈的爱，这又在情商方面给了孩子教育；玩完了老鹰抓小鸡的游戏，还可以让老鹰抓其他的动物，如小鸭、小鹅……让孩子说出动物的名称，又练习了孩子的发散思维，说到小鹅时可以教孩子念《咏鹅》：“鹅鹅鹅，曲项向天歌。白毛浮绿水，红掌拨清波。”这样孩子就很轻松地学会了诗歌。

孩子还能在游戏中不知不觉学会很多本领和技能。比如，和伙伴一起玩可以学会与人交往的技能；一起踢球可以培养团队精神与合作精神；游戏中轮流扮演角色可以教育出懂得等待自己顺序的有礼貌的孩子。著名作家严文井先生曾打过这样形象的比方：玩对小孩子和对小动物同样重要。所有小动物都没有上过学，但它们的本领是怎么学来的呢？是从玩中学来的。玩能锻炼它们的许多技能，而正是这些技能关系到它们日后的生存。小猴子在树上跳来跳去，玩得不亦乐乎。可是有一天，当它遇到了围捕时，必须从一棵树

跳到另一棵树上，跳过去是生，跳不过去就是死。可见，玩中学到的技能很重要，玩是一种不可缺少的学习。

作家冰心曾说："淘气的男孩是好的，调皮的女孩是巧的。"淘气、调皮的孩子总是让父母头疼烦恼，并被大家冠以"贪玩"的称号。可是父母千万不要忽视了这些"小淘气"：他们在家中上蹿下跳，不停地摆弄着各种各样的物品、玩具；他们喜欢"逮猫猫"捉迷藏；他们把一根竹竿当成骏马、火箭、飞机、机关枪，把子虚乌有的东西想象得活灵活现。实际上，孩子们在做这些游戏的过程中，想象力、表达能力、思维能力、创造力等都被积极地调动起来，孩子的每个细胞都是活跃的，经常做这样的游戏会使孩子各方面的能力获得极大发展，而且乐在其中。请相信，这样的孩子更聪明。

"玩物"不等于"丧志"

"玩物丧志"的意思是指醉心于玩赏某些事物或迷恋于一些有害的事情，从而丧失了积极进取的志气。自古至今，历史上的确不乏"玩物丧志"之人。明世宗宠爱猫，经常与猫一起玩，竟然二十多年不上朝，猫死后还要装入黄金棺材，葬于万岁山，并立碑刻文，最终导致严嵩乘机专擅朝政。某地一农妇日以继夜沉醉在麻将桌上，到了抛家不顾的地步，一日她将3岁的女儿锁在家中，无牵无挂地去赌场玩至深夜才归，不料女儿在家落入地窖被毒蛇活活咬死。这些说是"玩物丧志"还不够贴切，说"玩物丧命"更恰如其分。

今天，也有些中小学生整日沉浸在电玩游戏中，不仅荒废了学业，而且伤害了身心。于是，"玩物丧志"便成了父母们剥夺孩子玩的权利的最有力的根据。一看见孩子玩，父母就给孩子提学习，并制止孩子玩。然而，父母们这种霸道的做法未免偏激。“玩物丧志”这顶帽子可不能随便给孩子戴上，而且“玩物”未必“丧志”。

据一家权威调查机构的调查结果显示，成年人的记忆中印象最为深刻的是在童年阶段，而在童年阶段最为深刻的事情就是玩耍了。试着回忆一下，每个人的脑海里就会冒出来很多与玩相关的事情。可是父母却常常这样责备孩子：“你又到哪儿疯玩去了！你怎么就不知道学习呢！”这些父母认为，玩只能耽误孩子的学业，甚至会贻误他们的终身。

其实，爱玩是孩子的天性，他们似乎有着挥洒不尽的热情和精力，怎么玩也玩不厌。现实生活中，很多少年儿童、中小学生也有着各种各样对身心健康并无害处的兴趣爱好，只要父母给予正确引导，培养他们积极、健康、向上的志向和情趣，不仅能保护他们热爱生活、热爱大自然的积极性，维护他们“玩”的权益，而且能保证他们“玩物”却不“丧志”，帮助他们走上玩耍—兴趣—专长—人才的道路。

四招让孩子从“玩”中受益

既然“玩”是孩子生活的需要，父母不能违背孩子身心发展的规律，那么父母能做的就是想方设法让孩子真正“玩”得有品质，从“玩”中受益。

◆以亲近大自然为上

国际儿童游戏权利协会曾经发表研究报告指出：“大自然那种静默的和谐，新鲜、清新、生生不息的气息，可以发掘孩子的想象力和创造力，也可以培养孩子热爱大自然、热爱生活、热爱科学的精神。”的确，大自然带给孩子游戏的机会是无穷的，赋予孩子的精神力量也是巨大的。

首先，大自然是孩子最好的“玩伴”，大自然中的一切都可以成为孩子的玩具，任何一种人为的玩具，都无法与自然的赐予相媲美。大自然中的水、泥土、沙子、石子、小动物、花草枝叶等，哪一个都比现在买的玩具有意义。水和沙没有固定的形状，孩子可以根据自己的意愿，创造各种形态、各种玩法，变幻莫测地玩，玩出无穷乐趣，可以大大发展孩子的想象力和创造力。小动物也是最能吸引孩子的伙伴，小动物给孩子的生命感觉是无穷尽的，它几乎全方位地帮助了孩子，让孩子学会了爱，懂得了照顾、责任，更重要的是让孩子体会了生命中最奇妙的感觉和同自然融为一体的健康心理和人格状态。

其次，大自然是孩子获得聪明才智的源泉。善于观察的人都会发现，很多成功者都喜欢大自然，愿意亲近大自然，大自然不仅能引起他们的好奇心，增强他们的想象力，更能激发他们的创造性。

因为在大自然中，孩子可以无拘无束地玩，活生生的事物胜过死板的文字，所以孩子能学到书本上无法学到的东西，而且能加深孩子对事物的认识，还能激发孩子对学习的兴趣，扩大孩子的视野，陶冶孩子的情感，丰富孩子的内心世界。

然而，现代的都市生活让在城市中长大的孩子渐渐失去了与大自然亲近的机会，加上父母认为只要学习好就行，其他方面差点也没关系，能否让孩子去野外接触大自然并不重要，学习才是孩子最重要的任务，致使孩子与大自然相处的机会被父母人为地取消。这样，孩子就彻底失去了大自然这个最丰富多彩的世界。

所以，父母要经常带孩子走进大自然，让孩子亲近一下芬芳的花草和生机勃勃的小动物，接触一下泥土、水和沙，呼吸一下清新的空气，感受一下大自然中奇妙的声音，这可以很好地激发孩子的想象力，培养孩子的创造力。比如，父母可以每天带孩子到附近的公园玩耍，可以在双休日带孩子去近郊爬山，可以在节假日带孩子去一些自然风景区，让孩子感受大自然的气息。

玩的时候，不要怕孩子跌了，弄脏了，更不要带人工的玩具，就是要让孩子无拘无束地玩耍。孩子大一些的时候，父母要鼓励孩子和别的朋友一起参加各种各样的野外活动，如夏令营、野炊、郊游，这些都是很好的锻炼机会。

◆以体育锻炼为重

孩子玩的游戏多种多样，像猜谜语、编故事、图片配对等智力游戏，“当妈妈”“开理发店”等角色游戏，搭积木、建造公园等结构游戏，拍皮球、跳绳、骑童车等体育游戏，都能让孩子玩得乐此不疲。其中，体育游戏内容非常广泛，形式活泼有趣，符合孩子爱好活动的需要，不仅能增强孩子的体质，增进孩子的健康，还能提高孩子的中枢传导速度，增强孩子的记忆力，使孩子的思维更敏捷。

体育游戏很多，有以发展走、跑、跳、投、钻、爬、攀登、平衡等基本动作的活动性游戏，也有通过唱歌、跳舞、打击乐等游戏方式开展的音乐游戏，还有其他游戏形式。玩球、捉迷藏、投掷飞镖、跳绳、跳牛皮筋、滑滑板等，都是对孩子的成长非常有利的体育游戏。

所以，父母不能只注重孩子的营养，只强调孩子的学习，还要鼓励孩子参与一些体育游戏和体育锻炼，帮助孩子长高长好，并学习一些重要的人生技能和良好品格。

◆以动手能力为主

爸爸看书，孩子抢着帮忙翻篇儿，结果把书页撕坏了；妈妈剥豆子，孩子觉得有趣，伸手一抓，“哗啦——”刚剥好的豆子撒了一地……在父母眼里，孩子变得调皮了，总是捣乱，不是添麻烦，就是帮倒忙。其实，这是孩子求知欲和自主性的真实显现。孩子成长到一定年龄段，动手能力就开始萌芽，并且在动手“搞破坏”的过程中，孩子会获得新的认知和新的本领。

儿童心理学家研究发现，手指的运动可以刺激大脑的广大区域，而通过大脑的思维和眼睛的观察又可以不断改善手指的动作精细化程度，眼、手、脑的配合协调能够极大地促进幼儿的智力发展。

愿意经常动手的孩子往往比较聪明，他们的独立自主能力强，长大后通常有主见、判断力强、遇事果断、工作能力强；而那些不喜欢动手或凡事被父母包办的孩子，依赖性强，长大后往往缺乏个性、没有主见、办事能力低，遇到困难就退缩乃至悲观失望。一些孩子的动手能力之所以强，就是由于他们的父母平时就常让孩子“自己动手”，从小就让孩子做事，并同孩子一起做事。而且，小孩子天生是动手的行家，只要给他们留出足够的空间，他们就能玩出无穷的花样。

◆以激发想象为先

爱因斯坦说：“想象力比知识更重要。”丰富的想象力，可以培养孩子独立思考的能力，让孩子喜欢思考问题、研究问题、解决问题，逐渐帮助孩子养成敢于独立面对问题并独立解决问题的良好习惯。丰富的想象力对孩子今后的创造力培养也是至关重要的。孩子天生就是一个幻想家，通过各种想象来探索世界，也通过把想象付诸实践来证明自己的能力。所以，父母一方面要保护孩子的想象力，同时也要激发孩子去想象，使孩子运用自己丰富的想象力解决问题。

——首先要给孩子足够的时间和空间去思考问题，让孩子充分发挥想象力，用自己的智慧和能力去解决问题。这样做之后，父母很快就会发现，当孩子独立解决一个问题后，他们会很开心，会很自信。

——鼓励孩子玩装扮游戏。孩子创造想象情境，并按照情境发展出最后的结局，这种活动能教会孩子创造性地思考和解决问题。在一项研究中，小时候很有想象力的孩子不仅长大后能够继续保留这个特点，而且他们还能够更好地解决问题。后来在生活中所做的测试表明，小时候的“幻想家”在需要应对挑战和困难情景时，他们会有更多的办法。比如，他们忘了带一本上学要用的书时，他们会找其他班的同学去借，或者与同桌商量一同看他的……

——给孩子提供玩想象力游戏的道具。想象力游戏的最佳道具经常都是些很简单的东西。比如，把毛巾缠在头上做头巾，塑料珠子当名贵的珠宝，旧的浴室地垫摇身变为魔毯，孩子的那堆玩具动物则变幻为热带雨林、动物医院、农场等。只要善于动脑，几乎任何东西都可以作为想象力游戏的道具。

——给孩子挑选合适的玩具，能有效地激发孩子的想象力。比如，《猜猜看》这套图画书，孩子就特别喜欢“玩”。翻开书页，你会在书角上看到一个尾巴，但再往下翻一页，画面会在原来的基础上新增一部分，神奇地变成了一只青蛙，再翻下一页时又变成了一只乌龟；当一本书完全翻开后则会变成完整的一长页，展示出来的是一副完全出乎意料的画面。孩子每翻一页，都会去想象下一页又会变出什么。于是，他的想象力也会在每次翻页时得到发挥。

“玩”出金贵品质

玩，对于孩子的成长，就像维生素一样必不可少，是适合孩子人格健全发展的活动。孩子在玩时很投入、很快乐，就像是在认真地做事。其实事实就是如此，游戏在成人眼里也许是随意玩耍，但孩子却把它当成一种“严肃的工作”，而且会把“严肃”的目的与游戏过程中的快乐情绪结合起来。既然如此，那么孩子一定是心情愉悦地“玩”那些“严肃的工作”，而且“玩”起来是非常认真的。这时，父母只要加以合理引导，孩子就能自觉地把游戏中的规定、规则、原则等内化成一种良好的品质，受益终身。所以，父母一定要抓住孩子“玩”的机会，仔细观察，及时指导，通过讲故事、讲道理等方式，巧妙地引导孩子从“玩”中收获良好品质。

◆尊重他人

学会尊重是一个人最起码的品质。因为不会尊重他人，什么事情都无从谈起——没有人愿意跟你交往，收获不到友情，工作开展不顺利，得不到别人的尊重，人际关系不融洽……所以，父母一定要在孩子小的时候对孩子进行这一方面的教育，培养孩子从小就懂得尊重他人，使孩子受益终生。

其实游戏可以经常结合生活中的各种活动来进行。比如，让孩子把掉在桌子上的饭粒拣到碗里，教孩子学会尊重别人的劳动成果；小朋友表演了一个节目，带领孩子一起为小朋友鼓掌，让孩子在游戏中学会用一种积极的方式尊重他人。

总之，父母要抓住游戏这个机会，鼓励孩子了解人和人之间存在差异，而且要尊重这种差异；帮助孩子对别人的需要和要求做出反应，对别人表现出友好、慷慨、同情和帮助的行为；教孩子学会爱护环境和物品，遵守社会规范。

◆树立自信

许多人一事无成，就是因为他们低估了自己的能力，妄自菲薄，以至于缩小了自己的成就。可见，人生的高度，是由自信撑起来的。对于孩子来讲，从小培养自信的品质是至关重要的。因为一个人从小就自信满满，他体验到的成就感就多一些，长大后离成功就更近一步，他的一生都会是打不垮的。

有的孩子胆小，别的小朋友都在舞台上大大方方地表演，而他却一个人缩在角落里一声不吭；别的小朋友都在一起玩，他却总是牵着妈妈的衣角不肯放手。其实孩子的这种胆小是他不自信的表现。父母可以和孩子玩一些能增强自信的游戏，帮助孩子树立自信心。比如，爸爸可以和孩子玩下棋，开始时要赢孩子，让孩子知道想赢就得静下心来多学习；适当的时候，就得故意卖个破绽，让孩子赢，让孩子知道自己能行，帮助孩子树立自信；孩子赢了后，爸爸要及时夸奖孩子，一句“你能行”“你真棒”会让孩子对自己充满信心并爱上下棋。

另外，教孩子玩魔方、滑滑板车、跳绳、骑两轮自行车等都是在“玩”中培养孩子自信的好方法。这里需要提醒父母的是，利用“玩”来培养孩子的自信，父母一定要摆正自己的心态，要放得开，不能保护过度，如果孩子后面老是跟着一个大惊小怪、咋咋呼呼的尾巴，孩子怎么会勇往直前呢？

◆懂得感恩

一个不懂得感恩的人，就算拥有再多，也很难体会到快乐，有的只是抱怨与不满。而怀着一颗感恩的心去看周围的人和事，他会觉得一切都是那么美好。所以，父母要教会孩子从小就懂得感恩，这样孩子的一生都会是阳光灿烂的。

孩子在角色扮演过程中可以体验不同的人物，从而理解身边的人对自己的关心和帮助，学会感激和关心他人。有过扮演家庭成员经验的孩子更能对父母产生感激，更愿意帮助爸爸妈妈做事；经常在角色游戏中扮演帮助别人者和被帮助者的孩子，更愿意去关心他人。因此，父母要鼓励孩子多玩角色游戏，并在游戏中指导孩子学会感激和帮助他人。

◆学会负责

从小培养孩子的责任感，是孩子长大后具有更大的责任感的基础。更重要的是，强化责任感可以带来使命感和荣誉感，激发孩子发挥自己的潜力，成长为一个合格甚至优秀的人。一个非常聪明的孩子，学习好，办事能力强，但如果缺乏责任心，也不是一个健全的孩子。所以，父母要从小培养孩子的责任意识，激发孩子的责任心，让孩子对自己所做的事负起责任，这样有助于完善孩子的人格。

角色游戏是培养孩子责任感的一种很好的活动。游戏中，孩子通过扮演不同的角色可以承担不同的责任，而且孩子很乐意玩这种游戏。角色游戏可以在孩子与他的小伙伴之间开展，父母也可以通过和孩子一起玩角色游戏有意识地培养孩子的责任感。比如，扮作洋娃娃妈妈的孩子，就要照顾好洋娃娃的生活，为娃娃穿衣、做饭、讲故事等。当然，孩子也有做得不好的时候，如当洋娃娃的妈妈时却将洋娃娃忘了，这时妈妈不要嘲笑他、责怪他，而是应该采取以情动人的方式，对他说“洋娃娃没妈妈了，哭得可伤心了，他是饿了还是病了呢……”激起孩子的责任感。

游戏结束后，父母还应该对孩子的表现进行评价，表扬孩子遵守游戏规则、履行角色职责、收好游戏材料等，增强孩子的责任心。

◆与人合作

现代社会要求人必须具有团队精神，会与人合作的孩子将会在未来的生活中获得更大的成功。所以，教孩子学会与人合作和智力发展同等重要，甚至更重要。

爸爸妈妈可以和孩子一起玩，帮助孩子理解许多事情必须由大家合作才能完成这个道理，让孩子知道自己是群体的一分子，引导孩子用礼貌的方式获得他想要的和需要的东西，并体验合作中的乐趣与成就感。

如果孩子长期与大人玩，大人会不自觉地迁就保护孩子，容易使孩子滋生霸道自负的行为，不利于孩子成长。所以，父母要鼓励孩子与伙伴一起游戏，这是培养孩子学会与人合作的好办法。事实上，孩子就是在与同伴的游戏中学会与人如何相处的。在孩子们的游戏过程中，只要没有危险，父母尽量不要去干涉他们，更不要强迫他们按照大人的思维去玩。父母要做的就是细心观察孩子们的行为，及时予以鼓励，让孩子们在游戏中体验到合作的乐趣，并充分利用合作后的快乐情感，进一步激发孩子之间的合作行为，培养孩子的合作精神。

“玩”出良好习惯

良好的习惯对于一个人一生的身心健康、品德陶冶、个性形成、知识获得、能力培养都是至关重要的。孩子从小养成好习惯，这种习惯的影响将伴随孩子的一生，无论学习还是生活，做人或者处世，它都以一种无比顽强的姿态影响着孩子生活中的方方面面。所以，想要孩子成就学业、事业，拥有美好人生，父母就必须帮助孩子从小养成好习惯，使孩子终身受益。而游戏是孩子最喜爱的活动，父母若能在游戏中运用智慧引导孩子“玩”，孩子必然能养成独立思考、惜时如金、井井有条等良好习惯。

◆独立思考

要利用游戏培养孩子独立思考的习惯，父母可以在游戏中添加一些益智因素，促使孩子动脑筋思考问题并解决问题，因为只有这样游戏才能继续玩下去。而孩子为了不停止游戏，就会开动自己的小脑筋，想办法把拦在前进路上的问题解决掉。这个过程其实就是孩子独立思考的过程。如果每次玩游戏时都能有这个过程，那么孩子独立思考能力就会逐渐培养起来。当然，父母设置的问题不能太难，孩子通过所掌握的知识就能够解决，或者在父母的指导下能够解决，否则会打击孩子解决问题的积极性，效果会适得其反。

父母除了亲自和孩子玩游戏，还可以利用周末或节假日邀请孩子的小伙伴来家里做游戏，或者一起外出游玩。妈妈可以为孩子和他的小伙伴准备一些益智玩具等，还可以鼓励孩子做一些智力竞赛之类的游戏。比如，妈妈可以为孩子们准备一些谜语，以激发孩子玩的兴趣，并培养孩子的推理及想象能力；还可以让孩子们彼此出谜语，推想答案。让孩子们一起下棋也是锻炼孩子思维能力的好办法。

在游戏中，父母要教孩子学会思考，运用推理、比较、概括的方法，促进思维的发展；还要鼓励孩子多动手、多动口，全面促进和训练孩子的思维能力。

◆有始有终

生活中，许多父母都会发现自己的孩子做事虎头蛇尾，或者干脆有始无终——玩完积木不收拾，看书看了一半又去看电视，桌子擦了两下又去看金鱼……孩子表现出来的这种行为其实是一种不良习惯，如果不及时纠正，将导致孩子一生做事浅尝辄止或半途而废，这对孩子是有百害而无一利的。

要解决这一问题，父母可以在游戏前和孩子定下规矩：玩完后孩子必须收拾玩具，讲完故事的书也由孩子放到书架上……否则会有一定的惩罚。当然，刚开始时，妈妈可以和孩子一起收拾玩具，慢慢地再让孩子自己收拾，这个过程是不可省略的。孩子收拾完以后，妈妈要夸孩子收拾得整齐、迅速，鼓励孩子下一次做得更好。

另外，父母可以引导孩子更快地做完手上的“活”，这也是鼓励孩子把事情做完的好办法。比如，吃午饭的时间到了，孩子却还在拼装积木火车，“可以等我把火车拼完再吃吗？”这时，爸爸可以凑过去，蹲下身子在一旁引导孩子如何更快更好地拼装一部满意的积木火车。事情做完了，大家一起高高兴兴地吃饭，孩子也就不会在吃饭的时候一直挂念着之前还未完成的事情，而是专心地吃饭了。这样既能让孩子把事情做完，又不会让孩子养成一心几用的不良习惯。

只要父母能够引导孩子做事善始善终，久而久之，孩子就会逐渐养成有始有终的好习惯。

◆珍惜时间

孩子从小具有时间观念，珍惜时间，长大后才会更加有责任感和紧迫感：学习时精力集中，神情专注；做事时雷厉风行，有板有眼；生活中不邋遢，不磨蹭。同时，还能使孩子学会合理安排时间、支配时间，使自己的生活过得充实而有意义。

生活中，父母应该和孩子共同制定一个时间表，约定什么时候干什么事情，干多长时间。游戏也不例外。到了孩子游戏的时间，父母要遵守约定，允许孩子到时就玩，但也要让孩子知道按时停止。比如，孩子玩电脑游戏前，要事先约定30分钟，时间一到必须马上停止；如果不能守时，就取消一次玩电脑的机会作为惩罚。这样做，一方面可以培养孩子守时的好习惯，更重要的是让孩子懂得了约定的时间是有限制的，不能无休止地玩下去，所以要抓紧这个时间多做一些事情。这不仅让孩子知道要珍惜时间，还有利于提高孩子的做事效率。

经过一段时间这样的约定，孩子就会自然而然地养成惜时如金并看着时间做事的习惯了。

◆井然有序

柜子里的物品杂乱无章，几种拼图混在一起，书架上的书东倒西歪，毛绒玩具躺得满床都是……这些都让爸爸妈妈头疼。孩子有这样的表现，是因为他缺乏做事井井有条的经验与习惯。

父母首先要做的就是让孩子知道什么东西应该放在什么位置，如书要放在书架上，每种拼图必须放到各自的盒子里等，这样才能方便下一次使用。然后再引导孩子把物品在各自的“家”里摆放整齐。最后，还要监督孩子坚持做下去，以强化初步形成的效果，直到孩子养成习惯。

爸爸妈妈一定要注意，如果你嫌孩子的动作慢，抢过来自己收拾，那你可就剥夺了孩子自己做事的机会，更谈不上井然有序了。所以，即使孩子收拾得很慢，爸爸妈妈也一定要耐心地等待，并给予孩子表扬。等到孩子大一些时，可以让孩子收拾玩具时照着积木盒上的还原图把积木原样装好，不但能养成孩子井井有条的习惯，也是完成了又一次的拼图，对孩子理解不同图形的组合关系，理解部分与整体的概念，都有好处。

【父母学堂】

如何把握玩的“度”？

父母允许孩子玩，支持孩子玩，这是毋庸置疑的。但是具体应该如何把握玩的“度”，还是要请专家来出谋划策。

◆良好的玩耍环境是必要的

从物质条件讲，父母应该准备孩子想玩的东西、好奇的玩具或者其他有助于孩子参与游戏的材料，这要根据孩子的年龄特点和游戏需要来选择；同时要给孩子自由的玩耍空间，也就是孩子“玩”的场地，如房间、户外草地、儿童游戏场等，因为一个好的游戏空间能激发孩子想玩的动机。

从心理环境讲，轻松自由的气氛，父母对孩子的关爱，就是给孩子营造的良好的心理环境，就能够激发孩子游戏的兴趣。父母不要因为孩子弄乱了房间，就责备、限制孩子玩游戏，或者干预孩子的玩法，改变孩子的游戏规则，这样就会改变游戏本身自由、愉快、自然及探索的特性。

◆过度保护是没必要的

孩子在玩耍的过程中，有的父母以关心孩子的安全为由，管得太宽太细，这个不准动，那儿不能去，使孩子的行动处在父母的支配下。殊不知，过多的条条框框限制了孩子自由想象的空间和大胆做事的能力，会使孩子变得胆小、懦弱。作家老舍先生有一套与众不同的教子“章程”，其中有一条就是“应该让孩子多玩，不失儿童的天真烂漫”。他深知顺其自然、因势利导之妙，认为孩子毕竟是孩子，应从孩子的实际出发，给他们营造一个自由的小天地，不必规定过多的条条框框。

其实，在孩子玩耍之前，父母可以对孩子玩耍的场地做一个保护措施的处理，如把带棱角的桌椅挪开、把电源断电等，最大限度地减少玩耍中可能出现的危险，这只是要父母费点心而已。另外，只要没有危险，孩子玩耍时父母尽量不要干涉他，让孩子自由地、尽情地玩耍。

◆必要的引导和帮助是必需的

并不是所有的游戏都是孩子自发的活动，孩子需要玩那些有利于身心发展的游戏，这就需要父母给予适当引导，带领孩子去玩。这样孩子才可以产生想象，根据记忆、表象，运用素材去丰富游戏的内容和情节。同时，不是孩子玩的所有游戏都具有正面的作用，如孩子有时会在游戏中模仿大人酗酒、打架的行为。所以父母应多关心了解孩子的游戏，及时纠正孩子的不良行为，讲清道理，说明利害，从正面引导孩子去玩。

此外，孩子玩电脑游戏，搞科学小发明、小制作，搞调查、养殖等，可能需要一些专业和科学知识，这就需要父母给予科学的指导和帮助，让孩子把玩与学在更高的层次上结合起来，这将有利于孩子的健康发展。

但是，有的孩子在玩的过程中会出现一些让人困惑的甚至极端的表现，让年轻的爸爸妈妈不知如何是好。这些表现有的是孩子身心发育过程中的正常表现，只是父母不太了解，需要父母的理解与配合；有的则对孩子的成长弊大于利，需要父母采用恰当的方式进行引导，帮助孩子明辨是非，进而做出正确的判断，最终放弃自己错误的坚持。

◆孩子在游戏中“固执己见”怎么办？

在游戏中，有些孩子确实会执着地坚持自己的主张，尤其是三岁前的孩子。比如，一定要父母按自己的话去做，却不管自己的想法是对是错。如果父母试图改变孩子的想法，孩子就会感到莫名其妙。因为三岁前的孩子认为父母的工作就是为他做每一件事，包括理解他的想法。当然，这是不可能的，但是孩子不理解这种不可能。这种情况下，父母和孩子之间就会产生一定的冲突，父母的一些做法可能让孩子感到很不愉快。而这些不愉快对孩子来说是非常重要的，因为每个孩子都需要经历一些痛苦的教训，然后学会应对失望。

不过，面对孩子的“执着”，父母要尽可能地向孩子“妥协”，要尽量允许他命令自己。因为孩子控制周围世界的能力很弱，而他正是通过游戏来寻找控制的感觉，以便建立起自信。即使发生冲突，父母也不要紧张，因为这种冲突很容易化解，三岁前的孩子注意力容易分散，也容易转移注意力。

◆孩子“痴迷”同样的游戏怎么办？

生活中，有些父母会发现孩子许多天都在玩同样的游戏，于是担心孩子是不是对其他游戏不感兴趣了。其实，这是孩子身心发育过程中的一个正常现象。三岁前的孩子总是喜欢重复熟悉的东西或行为，他们对一种活动的兴趣会持续一周左右，然后才会转移到其他活动中。这是孩子练习技能、建构概念、形成对事物认知的最主要的方法，特别是重复做事是孩子获得控制感的主要途径。所以，对于孩子“痴迷”同样的游戏，父母不必担忧，也不必采取什么措施，静静地等待就可以了。

◆孩子玩游戏“不愿意停止”怎么办？

有的孩子玩游戏的时候，妈妈叫他吃饭他不愿意吃，不想和爸爸妈妈一起去购物，也不能按照事先的安排去户外活动，或者不想做其他事情，只因为他不想停止游戏。孩子这种沉迷于游戏的行为可能打乱了生活计划，会让爸爸妈妈很恼火。遇到这种情况，有的妈妈可能会强制终止孩子的游戏活动。但是，这种方式不利于孩子自律能力的培养，而且会导致孩子和妈妈之间发生冲突。

要想让孩子心甘情愿地结束游戏，这里有一个好办法。游戏开始前，可以告诉孩子只玩30分钟，或者在你希望孩子结束游戏时的前5分钟左右提醒孩子结束游戏，说明要做的事情，这样给孩子一个思想准备。尽管孩子也许不理解30分钟或5分钟有多长，但是他会慢慢理解玩游戏是有时间限制的，也会慢慢理解这个5分钟是停止游戏的一个标志。这种方法一定要坚持，如果妈妈每天尝试新的技巧让孩子停止游戏，效果将会适得其反。

◆孩子玩起来“没够”怎么办？

孩子大一点的时候，有的孩子一天到晚就想着玩，特别是玩电脑游戏，可以说是沉迷于“玩”之中。这样不仅会影响学习，更重要的是有损于身心健康。这种情况下，父母要给孩子讲清楚玩与学的关系，让孩子明白“玩重要，学习也重要”这个道理，要求孩子该玩就玩、该学就学。最好和孩子一起制定一个玩与学的计划，规定什么时候玩，玩多长时间；什么时候学习，学习多长时间；什么时候休息，休息多长时间。当然，这个规定要按照孩子一日的具体起居时间或者上学时间来制定。如果因为玩而影响了学习，孩子就应该对自己做出惩罚，家长要积极配合孩子自罚，不能含糊，否则对孩子起不到任何制约作用。

其实，只要父母教会孩子处理玩与学之间的关系，引导孩子有节制地玩，孩子就会玩得痛快，学得愉快！

第4章　培养热爱学习的孩子

让孩子明白为什么学习

孩子要快乐地学习，首先应该明白自己为什么学习，学习有什么意义。如果孩子不能明确学习动机和学习目的，而是处于被动的学习之中，那他的收获将是极其有限的。所以，父母一定要让孩子知道自己为什么学习，为谁学习，学习能给他带来什么好处。当孩子知道了学习是自己的事情、是自己的责任、是实现理想的途径时，他自然就会主动学习了。

现在问问孩子“你为什么学习”，看看孩子们的回答——

◆为了考试而学习

一项调查显示，孩子们在回答“为什么喜欢该科目”的多项选择题时，选择“取得好成绩”的比例集中在70%～80%，选择“老师讲解好”的比例为30%，而选择“感兴趣”的比例不超过30%。这说明，相当多的孩子学习的外在动机较高，内在动机不足，认为学习就是为了考试。尽管有的孩子考试成绩非常好，但并不是因为喜欢学习而学习，而是为了考上大学而学习。

在这些孩子看来，只要考上大学，完成学业，就不再需要学习了。这是一种很可怕的想法。因为大学毕业后，他有可能就不学习了，甚至由于之前学习的巨大压力而讨厌学习。

◆为了赚大钱而学习

一些孩子认为学习就是为了赚大钱，有了钱就能周游世界，能买大房子，能买好车子，想要什么就有什么。这是父母给孩子灌输的一种错误观念。把孩子的学习目的与赚钱联系起来，不但对孩子是一种误导，也很难起到激发孩子积极学习的作用。相反，父母应该让孩子知道赚大钱绝对不是学习的目的，钱只是在努力工作之后得到的回报。

◆为了爸爸妈妈而学习

当孩子写作业拖拖拉拉时，父母一遍一遍地唠叨，催他赶紧写完；当孩子的学习成绩有所下降时，父母的情绪也变得糟糕，强迫孩子把所有的时间都用在学习上；当孩子上培训课时，父母不辞辛苦地陪着上课……父母的这些行为，让孩子觉得，自己是在为满足父母的需求而学习。孩子无形中会认为，自己学习是为讨父母欢心，让父母高兴，让他们别打骂自己；是为了迎合父母的要求，让他们别总在自己面前唠叨；是为了满足父母的虚荣心，让父母在人前有面子；是为了让父母因为对自己的付出有了回报，得到心理平衡……当孩子有了这些想法时，就无论如何也不会认为他是在为自己学习，尽管父母可能会把“为自己而学习”的道理讲给孩子听。

显然，孩子们所表现出来的观念是不正确的。那么，孩子到底应该为什么而学习呢？

◆为发展兴趣而学习

如果孩子对某一事物感兴趣，父母就应该让孩子知道，要发展兴趣，学习是唯一的途径。比如，孩子喜欢搭建各种房子模型，孩子在玩的时候父母就可以趁机告诉他，只有通过学习，才能掌握建造房子的知识和技能，长大后才能成为一名建筑师，建造更加漂亮、更加坚固的房子。当然，还可以具体地告诉孩子，只有学好了语文，才能准确理解文字说明；只有学好了数学，才能看懂平面图和立体图；只有学好了英语，以后才能和国外的建筑专家进行交流……这样一来，孩子就知道要想发展自己的兴趣，就一定得好好学习。当他明确了学习的目的后，就不会盲目地学习了。

◆为实现理想而学习

孔子的一生充满了传奇，他在总结自己一生的成长历程时说："吾十有五而志于学，三十而立，四十而不惑，五十而知天命，六十而耳顺，七十而从心所欲，不逾矩。"可见，孔子从十五岁开始立下远大的志向，为了实现自己的人生理想而努力学习。孔子为理想而学习，所以才有内在的动力，才能长久不变地坚持下去，而且越学越快乐，因为这样的学习能够使人感受到朝向理想前进的快乐。

当一个人有了理想和责任的时候，他就有了做事的动力。所以，父母要帮助孩子树立理想并开启理想之路，引导孩子为实现理想而努力学习。当孩子每天都在为自己的理想做规划时，学习就成了自然而然的事情。

◆为幸福生活而学习

当孩子通过学习获得了各种能力，他长大后自然会把这些能力应用于工作和生活之中，而且能力越强，工作的平台就越高，生活的层面也会越开阔，事业上就会如鱼得水。同样，因为从小的学习而拥有了优雅气质和丰富涵养，他那充满魅力的人格会为他赢得友情、爱情和好的人缘。孩子拥有了世间一切美好的东西，他就不会抱怨生活，而是对生活心怀感激，他就会用充满阳光的心态去生活，他的生活就是愉快的、轻松的。这样一个人，谁能说他的生活不是幸福的呢?

◆为自力更生而学习

孩子未成年以前，生活依靠父母。但是，总有一天，孩子要离开父母而独立生活，到了那时，不能没钱了就伸手找父母要，而是要自己养活自己。

这样，孩子就会知道，学习是一定要做的事，是逃避不了的事。有了这个想法，当孩子勇敢面对的时候，学习就没有那么难了。

当孩子真正明白了自己为什么学习后，加上父母的引导，相信孩子一定能树立科学的学习观念，并且认真地参与到学习中去，掌握更多的文化知识，为将来的全面发展奠定一个良好的基础。

用兴趣点燃学习的热情

玩是孩子最感兴趣的事情，也是最开心的事情，孩子给大人的感觉就是玩不够。孩子喜欢“捉迷藏”，玩到天黑了，还不想回家；孩子爱玩电子游戏，玩起来什么都忘了。这说明兴趣是一种动力，兴趣使人执着而愿意付出努力，人一旦对某种事情产生了兴趣，他就会竭尽全力地去做这件事情，即使再苦再累、困难重重，他都不会退缩。

试想，如果一个学生把玩“捉迷藏”、打电子游戏的那种积极态度和热情用于学习中，那么他的学习情况会是怎样的呢？兴趣是最好的老师，它是学生主动学习、积极思考、大胆质疑、勇于探索的强大动力。如果学生对学习产生了浓厚的兴趣，那么他就会自始至终主动参与学习，全身心地投入到学习活动之中，学习的时间也许很长，但他丝毫不觉得苦，反倒像是在游戏。毫无疑问，他的学习也一定是很棒的。

既然如此，父母们如何让孩子把玩的那股劲用到学习之中呢？这就要靠父母对孩子进行相关的教育。父母是孩子的启蒙老师，从小培养孩子的学习兴趣是作为父母应该肩负的一项艰巨任务。

◆引导孩子正确认识“玩”和“学”的关系。

不少父母总说，孩子爱玩，不爱学习。其实，孩子玩的过程就是学习的过程。孩子玩“躲猫猫”，是一种学习；玩电脑游戏，是一种学习；玩泥巴，也是一种学习。对孩子来说，“玩”在这个充满创造力的时代更加重要。

而如今许多父母不允许孩子玩，甚至使用暴力手段制止孩子玩，他们只问学习成绩。这样做使孩子在心里将玩和学习对立起来：越不让玩越想玩，甚至将玩想成一件奢侈的事情，于是就一边写作业一边玩，或者偷偷地玩；越逼着学习，就越不爱学习，甚至恐惧学习、痛恨学习，成绩越来越差。这样的情景父母看在眼里，于是火冒三丈，控制不住时还对孩子拳脚相加，造成孩子一边流泪一边学习的现象。试想，这样的“学习”能叫学习吗？这样“学习”能学好吗？如此下去，孩子会把每一次学习当作心灵和肉体遭受痛苦的过程，每一次学习都让他苦不堪言。久而久之，孩子心里就会形成“学习—痛苦”这么一个神经链，即学习是一件苦差事，孩子害怕了，躲还来不及，怎么能主动去学习呢？

聪明的父母会帮助孩子正确认识什么是“玩”，什么是“学”，引导孩子把“玩”和“学”紧密地结合起来，鼓励孩子在“玩中学”，达到“玩学习”的境界，让孩子明白他不仅能痛痛快快地玩，而且能轻轻松松地学。这样一举两得的事情，孩子怎么能不接受呢？

◆重视孩子健全人格和良好心态的培养，学习成绩次之。

孩子一时的学习成绩和孩子健全的人格、良好的心态相比，前者是芝麻，后两者是西瓜。不少父母往往过分看重分数这个芝麻，而丢了孩子的生命状态——“我是一个棒孩子”这个西瓜。父母经常把“考了多少分”“排在第几名”挂在嘴边，考得好奖励“肯德基”，考不好一个假期不许玩，将孩子的学习功利化。这样会使孩子对学习产生厌烦之感。

如果父母能将见了孩子的第一句话改成“你今天过得快乐吗”“心情好不好”“感觉怎么样”，孩子就会感觉到父母重视他的快乐的程度胜过关心他的成绩，即使心情不好，也会一下子烟消云散，心里顿时热乎乎、甜丝丝的。如果孩子有打不开的“心结”，父母就要千方百计地帮助孩子化解，使孩子愉悦起来。孩子心情好，干什么事情都是乐意的，学习当然也是快乐的。所以，父母应该时时关注孩子的生命状态是否舒展。

孩子心情愉悦，就会快乐而轻松地飞，否则只能痛苦而缓慢地爬。父母如果能让孩子每一天都在快乐中度过，那么孩子热爱学习并取得好成绩就是必然的，所谓“有好过程不愁没有好结果”。

◆让孩子从内心里接受学习这件事。

一个人不愿意去做一件事情，是因为他内心不喜欢这件事情。然而，当他不得不去做自己不喜欢的事情，而且必须做好时，首先要做的就是改变自己对这件事情的态度，不排斥这件事，从内心里接受这件事情。同样的道理，要让孩子轻松地学习，必须先让孩子喜欢上学习，让孩子乐意去学。因为只有乐意去学，才能学好。有的孩子一个学科成绩不好，往往是因为他不喜欢这个学科，从内心里没有接受这个学科，那又怎么能学好呢?

所以，父母要引导孩子改变以往不喜欢学习的情绪或心理定式，让孩子以积极的情绪和态度去学习，最终喜欢上学习，学习也就不再是一件难事了。那么，父母如何引导孩子从心里喜欢学习呢?

——让孩子知道自己为什么学习，这个前面已经探讨过，不再赘述。

——告诉孩子，他是这个世界上独一无二的个体，没有人能够取代他。

无论什么事情，只要他想做好，就一定能做好。

——尊重孩子的想法与意见，与孩子平等沟通，真正蹲下来做孩子忠实的聆听者。

——改变父母高高在上、盛气凌人的姿态，与孩子做朋友，成为孩子学习和探索的合作伙伴。

——用美丽的笑脸送孩子上学，再用美丽的笑脸迎接孩子回家。

这样做，孩子就会生活在一个氛围宽松的环境之中，就不会畏惧学习，也就不会从内心里抗拒学习。

◆引导孩子体验学习的乐趣。

据一项全国性的调查显示，目前我国大部分孩子不能体验到学习的乐趣，而是处于苦学的状态。孩子们的学习动力来自于对好成绩的追求，而不是兴趣。不能“乐学”，而是“苦学”，即使孩子考上了大学，完成了学业，也不会自觉地成为一个当今社会所需要的继续学习、终身学习的人。

做父母的巧妙地激发孩子的学习兴趣，促使孩子乐于学习并主动学习。孩子的学习兴趣一旦形成，将变成一种学习的动力和信念，这种信念将使孩子在学习中不怕吃苦、不怕挫折、敢于挑战、勇于向前。

智慧地激励孩子主动学习

美国一位教育家曾说：“在教育孩子这件事情上，我不知道除了激励，还有什么其他的方法。”可见，孩子学习是需要激励的。

◆给予孩子足够的肯定

只要孩子的表现有值得认可和肯定的地方，哪怕只是微小的进步，父母也不要吝啬你的赞扬与夸奖，因为你的肯定会让孩子获得更大的自信，也会激励孩子主动学习。

——引导孩子在学习过程中不断达到阶段性的目标，形成一个动力十足的、持久的学习过程。在这个过程中，孩子每达到一个目标，父母都要对孩子的成绩给予肯定，这样孩子就会经常处于一个被认可的环境之中，他的学习热情始终都会是饱满的。

如果孩子真的努力了，可还是没有达成目标，这时父母同样不要吝啬您的夸奖。但需要注意的是，这时的夸奖要具体，如“妈妈看到了你实实在在的努力，虽然没能达到目标，但你仍然进步了，妈妈也觉得很高兴，妈妈相信你下次会比这次做得更好。”

——尽力使孩子每天的学习富有吸引力与成就感，关注孩子每一天的学习，而不只是每次考试的分数。晚上睡觉前，父母可以和孩子一起看看当天的学习目标是否达成，如果达成，就要表扬孩子，让孩子体会成就感，并鼓励他继续努力。父母还可以鼓励孩子将学校里发生的有趣的事说出来，孩子在回味中能感受到每天的学习生活充满色彩，具有吸引力，孩子就会更加喜欢上学。

——共同欣赏孩子的学习成果，能激发孩子更高层次的成功欲望。孩子通过自己的努力获得了成功或成果，他非常期待周围的人对他的成绩予以肯定，以便他获得一种成功感。如果父母这时认为目标已经达到，没有必要再关注孩子的感受，孩子的期待就会落空。所以，父母要有意识地把孩子的胜利成果展示在家里的一个地方，并与孩子一起欣赏，或让别人一同欣赏。在孩子心里，妈妈把他的作品或成果展示出来，也就是对他努力的过程给予了肯定，为了体验更多的成就感，他就会追求更高层次的成功，这样就会形成一个良性循环，不断地激励和鞭策孩子继续努力。

◆和孩子一起学习

许多父母以“忙”为理由，从来不和孩子一起学习，而他们所谓的“忙”就是看电视、打牌、玩电脑游戏、和朋友聊天、带宠物玩耍等。他们不知道当他们“忙”自己的事情时，孩子看似在书桌旁边看书、写作业，而小脑袋根本就没有用在学习上，思绪早已随着妈妈去看电视了，或者随着爸爸去玩游戏了。这样，孩子怎么可能专心学习呢?

还有的父母认为自己文化水平低，而孩子学习的内容又太深奥，帮不了孩子什么忙，所以没有必要和孩子在一起学习。

这些父母不和孩子一起学习，是因为他们不知道和孩子一起学习的意义有多大。孩子读书、写作业，父母陪在一旁，作用不仅仅是监督，也不一定是要给予孩子多大的辅导，而是为了使孩子受到激励，让孩子在父母爱的关怀中学习，这比请家教的效果好很多倍。父母完全可以在一旁看书、看报纸，甚至是忙自己的工作，这样孩子看到爸爸妈妈都在学习，自己也就会塌下心来专心学习了。

另外，当孩子在学习中遇到困难时，陪在一旁的父母一定要帮他，也一定能帮他，这个“能”不一定是有能力帮助孩子解出习题答案，更重要的是引导孩子将一时烦躁的心平静下来，帮助孩子增加自信，振奋孩子的精神，帮助他继续挑战困难。比如，父母不能完全弄懂孩子的问题时，也可以读一读要领、例题，引导孩子思考，给孩子加油，这样做给孩子的感觉就是虽然妈妈不能帮自己解出答案，但是妈妈非常愿意帮助自己，妈妈是关心自己的，这种无声的爱会使孩子心中暖暖的。

然而，有些父母明明知道和孩子一起学习有利于孩子的成长，但他们就是做不到和孩子一起学习。这部分父母的问题在于管不住自己总想玩的心，如果能克服这一心理，问题就能迎刃而解。要克服这一心理，首先要有想克制玩的意愿；其次需要克服玩的坚强意志，不能看见电脑就想玩，不能别人一叫就去打牌，要自己控制自己；再次可以制定克服措施，如给自己制定一个时间表，孩子在家学习的时候一定不玩，或者让孩子监督妈妈或爸爸等。总之，只要从内心里真正地想克服，就一定能克服。

有的父母确实白天需要上班，晚上回家还要做家务，时间非常紧张。但是，就是工作再累再忙，孩子的事情一定是第一位的，一定要抽出时间和孩子一起学习，用自己的言传身教激励孩子主动学习。

◆培养孩子“自我归因”的能力

孩子在学习中总会遇到各种各样的问题和困难，他也许会因长时间无法取得进步而气馁，也许会因自己不如其他同学而自卑，也许会因一次考试的失利而萎靡，也许会因受到老师的批评而泄气……孩子年龄小，无法通过自我调节而走出心灵的困境，这时就需要父母的激励。发现孩子萎靡不振的精神状态后，父母若能找出原因，对症下药，及时给予孩子激励，只要父母把话说到孩子的心坎里，孩子就会欣然接受，他的情绪也就不会持续低迷，而且会很快调整心态、振奋精神，向着下一个目标前进。

孩子小的时候，父母可以帮助孩子查找原因并解决问题。随着孩子慢慢长大，父母就要教孩子学会自己查找原因并及时进行自我调节。孩子在学习中受挫的原因往往有很多种，所以父母要帮助他学会“自我归因”。

如果孩子只是因为一段时期学习成绩不理想而一蹶不振的话，父母就要教会他弄清楚原因，是学习方法不科学，还是努力程度不够；是没有合理利用时间，还是身体状况不佳……只要找到原因，并鼓励孩子以此为突破口，努力前进，孩子就会因有了明确的改进目标而不再颓废。

如果孩子是因为和他人比较而感到自卑的话，父母不妨告诉孩子，每个人的能力各不相同，如果一定要比，就用自己的长处和别人的短处比，或者与自己比较。让孩子找出自己的优势，孩子就会惊喜地发现，原来自己不比别人差。如果再让孩子拿自己的优势同别人的劣势比较，很容易使孩子建立起自信。与自己比较，就是今天一定要比昨天进步一点，明天一定要比今天做得更好，这样孩子也就有了一个明确的目标，每天进步一点点。

如果孩子是因为受到了老师的批评而情绪不佳，父母就要教育孩子正确对待老师的批评，可以这样告诉孩子，“你学习不好或者做得不对，老师完全可以不说你，老师也不会有任何损失。老师批评你，是对你的负责，是希望你做得更好，和爸爸妈妈有时批评你的目的是一样的。所以，你要理解老师的用心良苦，好好学习，才不会辜负老师的一片心意。”

总之，只有帮助孩子找到消极懈怠的真正原因，父母的激励才能起到作用，孩子才能继续主动学习。

◆发挥名人的榜样力量

父母教育孩子的方式有很多种，用名人做榜样激励孩子主动学习是很重要的一种方式。

名人的经历对孩子的启发会根植于心，为他们的未来成才发挥指向标的作用。有人说过，预测一个少年的未来，有一个非常简单的方法，就是看他最喜欢的人是谁。孩子把某位名人作为自己崇拜的对象，就会不自觉地模仿名人的言行以提高自己，这有助于培养孩子的上进心。父母要有意识地引导孩子学习名人身上的意志力、优秀品质、学识和才华，让孩子朝着名人的方向和高度努力，这样孩子在学习的道路上才不会缺少动力。

当然，引导孩子选择榜样，要针对孩子的个性特点或孩子不同时期的心绪状态。比如，孩子总认为自己笨，妈妈可以给孩子讲爱因斯坦、爱迪生小时候也被老师认为笨的故事，但他们最终都成了伟大的科学家；如果孩子因为生理缺陷而对自己失去信心，妈妈可以给孩子讲美国著名女作家海伦·凯勒的故事：她小时候生了一场大病，导致双目失明，耳朵也失去了听觉。但她不怕困难，以惊人的毅力学习、生活，终于成为举世闻名的作家……总之，名人要选择得恰如其分，符合孩子当时的心理状态，才能起到激励的作用。

而孩子在选择名人时往往更注重人物的形象与外表，这说明他们对名人的崇拜是表象的、盲目的，所以在孩子树立心中的榜样时，父母要对孩子给予一定的引导和帮助，给孩子机会了解名人的经历和成功背后的艰辛，然后再去学习名人。

激励孩子主动学习的方法还有很多，父母可以选择最适合他的方法来激励他。比如，有的孩子喜欢阅读，就可以送给他一本励志书籍，让主人公积极向上的精神感染他，以此让他受到鼓舞；如果觉得用语言无法表达或效果不是很好时，可以给孩子写封信，用信函的形式激励他；如果爸爸很会讲笑话，也可以用幽默的方式来激发孩子学习的信心。多了解自己的孩子，你就会拿出最适合的方法来增强他学习的积极性，变“要我学习”为“我要学习”。

原来学习可以这么轻松

现在的孩子，学习负担确实太重，上一天的课回到家里要完成家庭作业，周末还要应付各种“兴趣班”，大大小小的考试后父母都要问成绩。尤其是学习成绩下降后，父母会让孩子进行恶补，参加校外学科类的辅导班，给孩子买来大量的辅导材料，让孩子在家做大量的练习，还有的给孩子请来家教帮助孩子学习……这些都使孩子疲于应付、苦不堪言，可能短期内能提高一点成绩，但不能从根本上让孩子轻松地学习、快乐地学习，也就不能让孩子从内心里热爱学习。

要想让孩子把学习当成一件快乐的事，轻轻松松地去学，乐于去学，并享受学习的过程，父母关键要从孩子的学习方法上下功夫，帮助孩子掌握适合自己的、科学的学习方法，使孩子真正觉得学习是一件轻松的事。

许多孩子刻苦努力地学习，比别人花费了更多的时间和精力，但成绩总是差强人意，原因就是他们没有掌握科学的学习方法。而在学校成绩优异的孩子却往往不是那些终日刻苦攻读的“书呆子”，他们比其他同学更加注重游戏和玩乐，看起来也非常开心。这是因为他们掌握了学习方法，提高了学习效率。

高效的学习方法就像一把锋利的斧子，是孩子学习最有力的武器，能帮助孩子又快又好地在相同的时间内学习到更多的知识。如果没有掌握正确的学习方法，纵然有满腔的学习热情、十足的主动学习的精神，也只会蛮学苦学，陷入题海战术，难以取得良好的成绩。长期下去，孩子付出的辛苦努力不能使目标达成，可能会让他从内心里厌恶学习，学习兴趣也会逐渐丧失。

那么，如何教孩子掌握适合自己的学习方法呢？

◆让孩子明白掌握正确的学习方法的重要性

如果不能掌握科学有效的学习方法，即使兴趣浓厚，信心饱满，动力强大，也只能做个“苦行僧”，即便成功，也不会很轻松。有了正确的学习方法，情况就不一样了，就可以轻松地学，快乐地学，成功也更容易。

◆根据孩子的具体情况选择学习方法

每个孩子的具体学习情况不一样，父母需要根据孩子自身的特点选择最适合孩子的学习方法。“适合的才是最好的”，才能最有效地帮助孩子提高学习效率。比如，如果孩子讨厌学习，学习时注意力不集中，父母可以选择多感官学习法，让孩子在动手实践中充分调动全身感官的参与，如触觉、听觉、视觉、嗅觉、味觉等，让孩子的各种感官充分活跃起来，集中学习的注意力，提高学习自主性。

◆教孩子学会课前预习

预习是学习过程中一个必不可少的环节，也是至关重要的一个环节。预习就是上课前的自学，也就是在老师讲课前，自己先独立地学习新课内容，使自己对新课有初步理解和掌握的过程。课前做好预习，课堂学习时就能很好地抓住重点、难点知识，使课堂学习更有效率。

父母首先应该让孩子知道预习的重要性，让孩子懂得老师讲课是针对全体学生的，但是每个人的知识水平不一样，如果事先预习，就能清楚自己需要重点听哪些内容，这样才能更好地理解课文内容，掌握知识要点。然后，指导孩子运用科学的方法进行预习。比如，先把教科书看一遍，运用自己已有的知识和经验来理解书本知识，把不好理解的、不会的内容做好标记，以便在课堂上重点听老师讲解；还可以鼓励孩子试做一下课后习题，以此来检验预习效果。

◆教会孩子正确的听讲方法

老师对知识的脉络、疑点难点比较清楚，讲的内容比较系统，所以学会听讲是掌握知识的重要途径。父母应该告诉孩子，课前要准备好课堂上需要用到的学习用品，避免上课时花费太多时间来寻找学习用品，耽误听讲。听讲时，必须专心致志，与老师的思路保持一致，认真听老师解决问题的方法与技巧，重点听那些自己在预习时有疑问的知识点，做好笔记；把自己在预习中的理解和老师讲解的相比较，如果有不一样的见解，可以标出来，以便课后探讨；对自己没有弄明白的知识点，应该及时地向老师提问。

◆教孩子学会有效地复习

课后复习能帮助孩子巩固课堂上所学到的知识，提高学习效果。一个不懂得复习的孩子，即使他在课堂掌握了知识，也不会有深刻的记忆，学习成绩必然会大打折扣。相反，掌握了复习方法的孩子，则学得轻松、愉快，而且学习效果也好。父母应该教会孩子有效的复习方法，指导孩子有计划地跟着老师的教学进度复习，每天回家后把书或笔记再看一遍，回忆老师讲的内容，然后适当做几道题巩固一下。每周、每个月都应该有一个大的复习回顾。

老师布置的家庭作业也有复习的内容。做作业时不是拿起笔就写，而是应该先回顾一下课堂上所讲的内容，认真看一遍课堂笔记或课本，把该记的内容背熟，然后再下笔。这样会大大提高做作业的速度，正所谓“磨刀不误砍柴工”。否则，下笔写了，又发现不会或公式没记熟，再去翻课本或笔记，一会儿又发现有不会做的，又去翻笔记，这样非常耽误时间，而且效果也不好。另外，做作业应该独立思考，实在不能解决的问题，再去问同学、老师或父母。问别人时，不要直接问结果是什么，而是要问怎么做、为什么这么做。

孩子的学习就像是过河，好的学习方法就好比是一条船，不解决船的问题，孩子永远都到不了河的对岸。科学的学习方法可以极大地提高孩子的学习效率，让他体会到成功的喜悦，从而激发他对学习的兴趣。

帮助孩子提高学习效率

大多数人心里都有这样一个观念，那就是有多大付出就有多大回报，而且觉得这是天经地义的。但实际情况却并非如此，这里就存在一个效率问题。有的孩子在学校学习极其用功，回家也学，晚上还熬夜学，习题也做得不少，但成绩却总上不去。看起来，他们的付出没有获得等价的回报。其实，这是因为他们的学习效率不高。

学习效率是决定学习成绩和能否轻松学习的重要因素。学习效率高，才能在有限的时间内学到更多的东西；学习效率低，就是花再多的时间，也只是收效甚微。提高学习效率的方法，除了掌握正确的学习方法外，还有其他一些技巧。

◆培养孩子高度的注意力

父母可以有意识地训练孩子的注意力。比如，孩子做感兴趣的游戏时不要打扰、干涉孩子；给孩子讲故事时，不要照本宣科地读，要有表情或穿插些动作，吸引孩子的注意力；鼓励孩子进行穿扣眼、玩拼图、做拼插手工等活动；要求孩子学习时坐姿端正，因为懒懒散散、东倒西歪的孩子是不可能专心学习的；教孩子学下围棋……这些都是从小锻炼孩子注意力的好方法。

◆让孩子在一定时间内做好一件事

孩子一天内可能有很多事情要做，但是他可能还不会进行合理的安排，所以做起来毫无头绪，想起哪个做哪个，结果时间过完了，却一件事情都没有做好。

父母要注意培养孩子在某一时间内做好一件事的能力。比如，在孩子能力许可的范围内，要求孩子在10分钟内拼好一幅拼图，或者在15分钟内做完90道加减运算题。这里需要提醒父母，给孩子规定的时间不宜太长，因为孩子的注意力较短，时间太长可能引起孩子反感。这样，慢慢地，孩子就会把自己一天的活动进行分割，在规定的时间内完成一项内容。

◆指导孩子在理解的基础上记忆

有句格言说得好，“若要记得，必先懂得”，就是强调要在理解的基础上去记忆。先理解，再记忆，这样的记忆最轻松，也最不容易忘记。理解得越深刻，记忆就越牢固。机械式记忆、死记硬背，可能当时记住了，但很快就会忘记。记忆=90%的理解+10%的背诵。所以，父母一定要指导孩子在理解上多花一些时间，这样记住的东西也许是一辈子的，不用再费时间去学，学习也才有效率。

◆教孩子学会劳逸结合

学习效率的提高需要清醒敏捷的头脑，而长时间埋头于书本与习题之中，只能使人疲惫不堪。大脑得不到充分的休息，就会不活跃、不兴奋，半个小时应该掌握的知识，就需要两个小时。所以，父母就要教会孩子劳逸结合，提醒孩子做完一项事情，休息或娱乐一会儿，让一直处于高度紧张的大脑获得适当的放松，这样才能提高学习效率。

◆指导孩子合理安排时间

科学研究表明，人最佳的记忆时间是早晨和晚上临睡前。如果每天临睡前把一天所学的主要内容像过电影一样在脑子里过一遍，能很好地巩固记忆内容。头一天晚上记过的东西，第二天早晨若再记一遍，效果会更好。家长还可指导孩子把自己认为较难的功课放在记忆力最佳的时间去做，有利于提高学习效率。

◆指导孩子合理安排学习内容

研究表明，开始学习的头几分钟，一般效率较低，随后上升，15分钟后达到高峰。根据这一规律，可建议孩子先做一些较为容易的作业，注意力最为集中的时间再做较复杂的作业。

除此之外，要指导孩子将不同的功课穿插开来学习，还可使口头作业与书写作业相互交替，使大脑各个部分轮流休息。比如，做完一项数学作业，接下来可以做历史作业；做完一项英语书写作业，可以背诵一会儿语文课文。这样可以减轻大脑疲劳，提高学习效率。

◆让孩子减少无效劳动

抄别人的作业，已经会了的题还反复做，贪多求快，实行疲劳战术，这实际是把脑力劳动变成了体力劳动。虽然手很忙，对脑来讲，却并无成效。课本上的知识还没弄懂，就去抠偏题、难题、怪题，也属于无效劳动。无效劳动多了，谈提高学习效率就成了一句空话。父母要在这些方面提醒或监督孩子，最大限度地减少孩子的无效劳动，提高学习效率。

◆让孩子保持良好的情绪

孩子精神饱满且情绪高涨，学习一样东西时就会感到很轻松，学得也很快，其实这正是学习效率高的时候。因此，保持良好的情绪十分重要。然而，孩子有时会被灰心、忧虑、嫉妒、骄傲等各种不利的心理因素所左右，背上各种思想包袱，影响学习效率。

父母要做的就是教育孩子保持一种阳光的心态，不要过多地去想那些不顺心的事，要以一种热情向上的乐观态度去对待周围的人和事，这样对人对己都是很有好处的。这样，孩子的周围就会是一个轻松的氛围，学习起来也就感到格外有精神。

孩子，别把考试当成负担

不少孩子害怕考试，更害怕分数出来的那一刻，因为如果考不好，爸爸妈妈就会唠叨个没完，也许还会火冒三丈，说一些伤害孩子的话，甚至打骂孩子，给孩子报更多的辅导班。这样不仅使孩子的身体受到惩罚，心灵也受到伤害。试想，这样的孩子如何对学习产生兴趣，如何主动去学习。相反，他们把考试当成一种负担，容易陷入“考不好—受伤害—厌学习—怕考试—考不好”的恶性循环。就算一次考好了，成功之后又可能陷入新的担忧，而无法享受成功的喜悦。

其实，许多孩子考试成绩不理想，不是因为他们知识掌握得不够牢固，而是因为他们把考试成绩看得过于重要，从而产生焦虑、紧张、担心等心理状态，以至于在考场不能正常发挥自己原本的水平。本来会做的题目做错了，本来记得很熟的公式却怎么也想不起来，本来耳熟能详的课文脑子突然一片空白，本来稍经思考就能答上来的题目没有答出，最终导致发挥失常，成绩不理想。

还有的孩子在考试前就表现出这样或那样的不适状态，尤其是大型考试，如食欲不振、不想参加考试、装病等，有的孩子甚至真的会大病一场。这同样是因为太把考试当成一回事所致。

面对孩子的这些状况，父母能做的，就是引导孩子正确认识考试，同时让孩子明白，在成长与成绩之间，父母更看重成长，引导孩子从考试这个负担中走出来。这样，孩子反而能从容上阵，正常甚至超常发挥，取得更好的成绩，从而轻松学习，最终爱上学习。

◆引导孩子正确认识考试

有些孩子害怕考试，是因为担心自己的成绩不理想。所以，父母首先要教孩子正确认识考试与成绩。考试是检验学习效果的一种工具，不是学习的目的；成绩是一个阶段学习成果的反映，不是衡量“聪明”与“笨”的标尺。考试可以检测孩子知识掌握的程度，哪些掌握得好，哪些掌握得不好，以便查漏补缺；还可以使孩子主动认识、评估自己的学业，分析考试中出现的问题，找出解决办法，避免下次出现同样的错误。成绩只能说明短时期内知识所掌握的状况，不能代表以后的发展，所以考好了要总结经验继续努力，没有考好也要以平和的心态面对，因为一次考试成绩的好坏说明不了什么。

接下来，父母还要帮助孩子形成良好的应试心态。有些孩子一到考试前就紧张得不得了，其实这是大多数人的一种正常心理反应。作为父母，你可以回忆一下自己考试的经历，你肯定也是紧张的。所以，父母要告诉孩子，紧张是大多数人考前都有的一种状态，不必担心，只要坐到考场，就像平时做作业一样做题，心情就能平静下来。

另外，指导孩子做好考前准备，也能帮助孩子轻松面对考试。比如，考前引导孩子认真复习，充分准备，“不打无准备之仗”，保证以一种自信的态度去迎接考试。可以从孩子的实际出发，和孩子一起确定适当的期望值，过高的期望值会导致较强的心理压力，过低又不能激发动力。引导孩子正确认识考试及成败的意义，告诉孩子只要尽力就好，使孩子放下沉重的思想包袱，专注于学习本身。这样既可以提高学习效率，也可以缓解孩子考试焦虑的情绪。

总之，只要父母合理引导，让孩子既不过分看重考试，又不轻率地应付考试，把考试当成学习过程中的一种复习、一种检查，并通过考试更好地了解自己、把握自己，把今天的考试当成明天努力和前进的起点与动力，孩子就能积极地、轻松地、从容地面对考试。

◆让孩子知道，在父母心中，他的快乐成长比成绩更重要

对于孩子来说，成人比成功重要，成长比成绩重要，经历比名次重要。家庭教育的核心首先应该是让孩子健康快乐地成长，然后才是成绩、成才、成功。孩子少年时期健全人格的培养正是他们在未来的竞争中立于不败之地的有力保证。父母只重视孩子的学习成绩，却忽视孩子成长过程中健全人格的培养，是一种本末倒置的行为，对孩子未来的发展是极其不利的。

因此，父母首先要从思想上认识到孩子的成长比成绩更重要，然后把这个观念付诸到日常生活的行动中，让孩子能很明确地感受到你的关心：

——孩子每天放学回家，让他听到的第一句话不是“今天考得怎么样”或“赶紧去写作业”，而是“你看起来很愉快，有什么高兴的事，说来听听”、“你今天过得快乐吗”或“学校有什么有趣事情，讲给我听”，这样

能使孩子感受到父母的关爱，孩子紧绷了一天的神经就会放松下来，也便于他完成当天的家庭作业。

——面对孩子的考试成绩，注意约束自己的言行。考得好，当然要给予孩子鼓励。考得不理想，也不要急躁，控制自己的情绪，允许孩子说出自己的理由，了解孩子内心的真实感受，帮助孩子找到失利的原因，告诉孩子妈妈相信他下一次一定能改掉粗心大意的毛病。事实上，孩子没考好，自己心里也很内疚，如果父母再打骂，很容易引起孩子的逆反心理，使孩子更加讨厌学习、害怕考试。如果父母用温和的态度对待孩子，反而能激发孩子努力学习的欲望。

——周末、节假日一定要带孩子走出家门，外出游玩。许多孩子的周末被各种各样的培训班塞得满满的，节假日也要关在家里完成老师和父母布置的作业，这会给孩子的心理带来很大负担。带孩子出去游玩，孩子就会知道，自己除了学习，还是有时间和机会放松的，同时也能感受到父母不只关心自己的学习与成绩，同样关心自己是否玩得快乐、是否健康成长。这样，孩子学习时能安心学习，玩也能玩得痛快。

【父母学堂】

做“活到老，学到老”的表率

有句老话“活到老，学到老”，平凡的一句话，却道出了做人的大意境，表达出一种“生命不息，学习不止”的进取精神。随着知识经济时代的来临，现代社会必须是一个学习型的社会，这意味着不学习就会被淘汰，所以人人都需要终身学习。

终身学习的意思是说人一生都要学习，从幼年、少年、青年、中年直至老年，学习将伴随人的整个生命历程并影响人一生的发展。孩子是祖国的希望和未来，他们更需要在父母的影响和引导下认识到终身学习的必要性和重要性，自觉树立终身学习的观念，让学习成为自己的生活习惯。

要培养孩子终身学习的观念，父母首先应该自省其身，看看自己是否树立了这种观念，是否每天都在坚持学习，然后才能为孩子做好表率。

◆正确理解“学习”

一谈起“学习”这个话题，不少人总是把它局限在“学生”“学校”的范围，把它局限在人生的少年、青年阶段。这是错误的认识。终身学习不是一辈子待在学校学习文化课知识，它有四个内涵：学会认识，学会做事，学会共处，学会生存。一言以蔽之，就是终身不停地吸收新信息，获取新知识，增长新本领，以适应新挑战。

◆检查自己是否以身作则

要让孩子在潜移默化中树立终身学习的意识，家长以身作则很重要。每天工作之余，父母要多看新闻、阅览报刊、上网学习、读喜欢的书籍等；睡觉前，要坚持自省，问问自己“今天学习了吗”“都学了些什么”。在父母的这种影响下，孩子自然而然地就会形成一种终身学习的意识。

◆有意识地去影响孩子

不少孩子心里没有终身学习这个概念，他们认为读几年或十几年书，一辈子就够用了，只要考上了大学，就不用再学习了。这是一种很可怕的想法。因为孩子在学校里所学到的知识根本不足以为未来准备好一切。如果不对这些孩子进行终身学习的教育，在这种错误观念的驱使下，他们将失去学习的兴趣与动力，也就会在将来的道路上裹足不前，最终被淘汰出局。

所以，不论孩子学习成绩是否优秀，父母都应坚持对孩子进行正面教育，及早帮助孩子树立终身学习的观念并养成良好的学习习惯。孩子只有不断学习，才能够保持知识的实用性和新鲜度，才能与时俱进，跟上时代发展的步伐。

第5章　和孩子一起探索科学

科学原来并不神秘

提起科学，大家都会联想到爱因斯坦、爱迪生、达尔文等这些闻名世界的大科学家，人们对科学家及他们的发明创造除了怀有敬仰之情外，还有一种感觉就是遥不可及。有些人觉得科学神秘、严肃、深奥、高端，让人畏惧甚至敬而远之，这使得他们的孩子也害怕科学，以至于没有机会去接触科学。其实，科学没有那么可怕，也并不神秘，而且它就在大家身边。

◆引导孩子了解生活中的科学现象

孩子会把玩具拆得七零八落，然后再把各个零件装回去；把积木搭成金字塔的样子；用乳胶黏合木块制作木制相框，把自己的手工作品放进去展示，等等。孩子做的这些事情其中都包含着科学。也就是说，孩子其实每天都在“玩科学”，只是他们不知道罢了。父母可以抓住孩子玩的机会，给孩子说说科学，如玩具上的零件为什么能拆下来又能装回去，积木搭成金字塔形状为什么最不容易倒塌，乳胶为什么能把木头粘在一起等，让孩子初步感知科学的神奇。

父母还可以让孩子观察日常生活中的科学现象，能操作的让孩子亲自操作，并讲出科学道理，即使孩子还不太明白，但也能激发他探索的兴趣，以此让孩子知道科学就在自己身边。

——有时候，打开家里的水龙头放水时，自来水管会发生阵阵的响声，这是因为水从水龙头冲出时引起水管共振造成的。

——孩子将乒乓球表面弄得凹下去了，可教孩子把凹下去的一面放在开水里烫，让它重新鼓起。这是热胀冷缩的原理。

——让孩子舀一勺糖，放到水中，发现糖很快不见了，再尝一尝水，水变甜了。这是因为糖溶解到水里了。

◆许多伟大发明都源于生活中的现象

对于发明创造，一般人认为那是天才坐在实验室里才能办到的事情，距离自己太远，与自己关系不大。然而，世界上许多伟大发明都源于生活中的普通现象。

通过引导孩子了解生活中的科学，给孩子讲伟大发明来源于生活的故事，可以让孩子明白科学与生活息息相关，只要努力去发现它，亲近它，它就会成为孩子的好伙伴。少年科学院士叶波说："我会在日常生活中，自然地发现事物的缺陷，再想办法解决。"因此，在对孩子进行科学启蒙教育的过程中，父母不能单纯地给孩子讲科学知识，而是要引导孩子发现和感受周围世界的神奇和微妙变化，带领和鼓励孩子在日常生活中大胆尝试，领悟科学就在身边。

轻松愉悦地探索科学

一个人不论干什么事情，只要身心愉悦，效果就不会差。想让孩子轻松愉悦地探索科学，父母就必须为孩子创造一个宽松的环境。这意味着孩子在探索科学的过程中的心理需要能得到及时和充分的满足，心理上有安全感，自信心增强，能集中精力去尝试、去探索，而不必害怕失败、斥责，由此产生积极、愉悦的情绪体验，进而对他的学习活动产生积极的影响。

◆给孩子的“为什么”一个答案

科学探索的内容十分广泛，上至日月星辰、雨雪雷电，下至花草树木、鱼虫鸟兽，孩子都有强烈的好奇心和浓厚的兴趣，他们问这问那，什么事都喜欢刨根问底。父母要抓住孩子的这一特点，及时捕捉孩子的“问题”，因为“问题”是孩子对科学的兴趣点，也是探究科学的起始点，适时地引导孩子找到答案，满足孩子的好奇心，让孩子从心里产生探索科学的欲望。

◆尊重孩子的发现

当孩子有了一个发现时，他的心里是激动的，渴望得到大人的肯定与支持。如果妈妈能对孩子的探索行为加以鼓励和支持，孩子就会感到自己是被接受的，因而能够毫无顾虑地进行大胆地探索和尝试。相反，孩子的探索火花会因得不到认可或不恰当地阻止而熄灭。

◆参与孩子的探索活动

孩子小的时候总是听父母讲科学，这会让孩子误以为科学只是事实的积累与概括，这会使孩子只会用科学而不会创造科学。所以，当孩子大一些的时候，父母要鼓励孩子多探索，并积极参与孩子的探索活动。在此过程中，父母应给予孩子热情支持与鼓励，以积极的态度把自己的科学知识与经验传递给孩子，帮助、引导孩子在一种积极向上的氛围中自主探索，以培养孩子探索科学的兴趣。

在广阔的空间里尽情探索

孩子要进行科学探索，必须有充分的空间与场所，也就是孩子在哪儿进行探索。这个问题解决得不好，会大大限制孩子的探索活动。探索所需要的材料、空间、场所等，都是孩子探索科学不可缺少的物质基础。

◆在家里为孩子开辟“探索区”

父母要为孩子在家里专门开辟一块探索的空间，让孩子进行独立探索，为孩子培养一双会发现的眼睛，一双会摆弄的小手，一个机灵的脑瓜。也许有的父母会说，家里根本没有足够的地方给孩子玩，其实这个空间不需要多大多豪华，一个房间、一个阳台、屋子的一角，都是可以的，只要这个独立的空间是安全的、耐脏的。

“探索区”里，父母要为孩子准备一些常用的探索工具，如放大镜、凹凸镜、磁铁、温度计、指南针、计算器、刻度尺、各种容器等；还可以根据探索主题放置一些材料，为孩子进行科学实验做准备。其实，生活中可供孩子操作的材料很多，特别是一些用旧了的东西或者不想再用的物品，只要安全，都可以提供给孩子。

◆带孩子走进探索科学的大课堂——广阔的大自然

对孩子来说，外面的世界真精彩，一棵草，一朵花，一只小蚂蚱，一颗小石子都会引起他的惊叹，激发他的热爱之情。所以，父母不要将孩子交给电视机、动画片，而是应该带孩子体验大自然，让大自然成为孩子探索科学的大课堂。

让孩子专注于探索石缝间的秘密，想想小草为什么会在石缝间生存；允许孩子摸蝉的翅膀、观察小蚂蚁和雨后的蚯蚓。

允许孩子感受大自然的美丽。太阳下山的时候，大自然便呈现出美丽的色彩，红色、紫色、橙色、粉红色，让孩子暂时放下手中的作业，去看看那壮观的景象。暴风雨过后，一只蜘蛛正在织网，让孩子去看看它是如何织网的。

这样做，孩子的童心能在大自然里尽情挥发，他的好奇心、求知欲也都会在丰富多彩的天地中得到充分的满足。父母可以引导孩子把每一次的体验用自己的方式记录下来，画画、做图表、用文字表达都行，并根据自己设计的实验或方式寻找答案，增进体验，获得科学探索的乐趣。

◆经常带孩子参观博物馆

博物馆也是孩子探索科学的一个很好的场所。只要按照孩子的兴趣和年龄特点带他去参观，他肯定感兴趣。

参观博物馆前，可以和孩子一起查阅一些相关资料，找到孩子最感兴趣的东西，让孩子把最想看的东西列一张单子并且排好顺序，做到心中有数。参观时，要引导孩子仔细观察，认真比较，做好记录，并给孩子提出问题让他回答。如果能让孩子碰一碰可以接触的展品，他会更加高兴。

带着激情“玩转科学”

有人说孩子天天在家里和户外搞探索、学科学，这就够了。不错，孩子天天试验、探索，这是好事，应该给予肯定和表扬。但是，如果给孩子创造一些新奇的、富有激情的探索机会，让孩子在玩中探索科学，如参加科学探索冬令营、去海边踩沙滩捡贝壳、去农村看如何种植蔬菜、去体验城里开飞机等，孩子肯定不会拒绝，而且一定能够获得不一样的体验。

◆鼓励孩子参加营地活动

每年到了寒暑假，社会上都会一些机构组织夏令营、冬令营等活动。这类活动是集体活动，内容丰富多彩，以动手实践为主要方式，寓教于乐，户外活动较多，能使孩子更加亲近自然，在真实的自然中学习知识，通过实践和探究更加深入地理解课堂中所学的知识，而且可以磨炼孩子的意志，锻炼孩子的勇气和独立生活能力，培养孩子的团队意识、合作精神和探索精神。

◆带孩子体验农村生活

生长在城市里的孩子，大部分都没有农村生活的经历。他们没见过奶牛怎样产奶，母鸡怎样下蛋，水果和蔬菜是怎样种出来的，不相信农村的公鸡会在早上打鸣。想真正了解这些，就得亲身去体验。

如果农村有亲戚朋友，你可以带孩子住到那儿，让孩子去田野里呼吸一下带着泥土味的空气，看看山坡上的羊群，亲手把种子种到土壤里，亲自采摘水果和蔬菜，过一过真正的农村生活，他会学到更多的农业知识，见识一种与城里截然不同的生活。

如果农村没有亲戚朋友，安排去农村度一次假也是可以的。现在有些大城市的郊区都有那种提供宿夜床位和早餐的农庄，允许孩子在鸡笼里帮着捡鸡蛋，有专人亲手教孩子给奶牛挤奶或骑小马驹，还可以拿着小铲子去地里把胡萝卜、土豆、花生从地下找出来，采摘水果和蔬菜也是可以的。

这样的农村体验会给孩子带来很多感触，让他真正明白平时吃的食物是怎样生产出来的，当他再喝牛奶、吃煎蛋或水果蔬菜时，他就会想起这次经历，通过这种途径掌握的知识一辈子也忘不了。

◆体验城里乐趣多

儿童职业体验城是一个新兴事物，以寓教于乐、角色扮演等方式深得孩子们的喜爱。里面设有餐厅、各类工厂、剧院、医院、警察局、报社、电视台、银行、书店、法院等，孩子可以扮演医生、警察、法官、飞行员、消防员、摄影师、空姐、护士等，孩子可以开飞机、给病人诊治、建筑房屋、制作电视节目、研究文物……做自己想做的职业。

这种体验活动不仅能帮助孩子提早认识职场、培养团队意识、养成正确的理财观念，让孩子体会劳动的辛苦，学会尊重、心怀感恩，还能从中学到科学知识，树立科学探究精神。

这样新奇的体验方式充满着巨大的吸引力，相信孩子会乘兴而去，尽兴而归。

动手去做，乐趣无穷

探索科学，乐趣无穷。而孩子的思维以形象思维为主，一些抽象的科学道理讲解百遍，也不如让他们目睹和亲手操作一遍效果好。鼓励孩子动手去做吧，让他们从动手操作中获得探索科学的无穷乐趣。

◆做实验，体验乐趣

动手做实验，其中的物理效应、化学反应等，都能引起孩子极大的兴趣。孩子探索科学应从身边的事物开始，因为他们熟悉身边的事物，对它们比较感兴趣，不会觉得深奥。做实验也一样，选择孩子关心和熟悉的物品，孩子心中对实验又充满着新奇，这熟悉与新奇的碰撞可以很好地激发孩子的探索欲望，使他们乐于发现身边现象的有趣和奇妙，有益于保护他们的好奇心，培养他们的探索热情和探索精神。

◆制作模型，体验乐趣

大多数孩子都至少有一项非常强烈的兴趣，或者迷恋轿车、飞机、轮船、火箭、海盗船，或者喜欢公主、王子、将军、奥特曼，或者是恐龙、骏马等。要想让孩子更深刻地了解自己的兴趣，一个非常好的方法就是帮助他制作一个模型，如飞机模型、轮船模型、城堡模型、恐龙模型、木乃伊模型等。制作这个模型的过程，是巩固孩子兴趣的过程，也是培养孩子探索科学的过程，而且这个过程中乐趣多多。

大多数孩子感兴趣的模型，基本上都可以在玩具店买到它的配套元件。

父母可以为孩子选择适合孩子年龄和能力的模型。如果孩子大一些，并且有能力独立完成模型制作，爸爸可以试着在制作过程中与他探讨相关原理与知识。如果孩子年龄较小或正在制作一些你和他都不太熟悉的东西，爸爸就必须做一些研究工作，这样才能熟练地和孩子讨论模型不同部分的用途。做好后，不要忘了把孩子自豪的作品陈列起来。

总之，孩子可以把感兴趣的任何东西都制作出来，就算买不到现成的元件，也可以利用生活中的材料和物品，就地取材，进行制作。当然，这离不开爸爸妈妈的帮助和支持。孩子永远都不会忘记制作模型的美妙经历。

◆种植花草，体验乐趣

种植花草、园艺，孩子可以体验到从播种到开花结果这一过程中的乐趣。当然，不是每个孩子都能像住在农村的孩子那样，有大片的土地可以种植。但只要你有一个小花盆，同样可以享受种植的乐趣。把可乐塑料瓶的顶部切下来，留下瓶身装土，也可以实现种植梦，但要在瓶底用针扎几个洞便于排水、透气。

到市场上买回孩子想要种植的植物种子，指导孩子亲手把种子种到花盆里，每天给它浇适当的水，让它晒晒太阳，透透气，期待中的小芽就会在孩子的精心照料下破土而出，给孩子带来惊喜。之后还要引导孩子观察植物的生长过程，分枝、长高、开花、结果等都将给孩子带来连连惊喜。

◆玩玩魔术，体验乐趣

魔术里面包含着许多科学道理，而且孩子们都喜欢魔术，所以通过魔术这一方式培养孩子探索科学的兴趣，引导孩子学习科学知识，再好不过了。魔术的神奇每个孩子都见识过，但大多数都是从电视上看到的。如果让孩子亲自表演一次魔术，成功后的喜悦会激励孩子更加热爱魔术，当然也会对科学探索更感兴趣。

许多魔术是需要掌握一定的科学知识才能表演成功的，所以孩子学习表演的过程也是掌握科学知识的过程。

用动力刺激探索欲望

有动力，就有行动。有些孩子之所以对科学探索的兴趣不能持久，就是因为从根本上缺乏探索的动力。这种动力不是简单地做几个实验、种几棵花草，而是站在一个更高更远的角度来看待科学。有了这种动力，孩子也许就是将来的科学家。

◆未解之谜需要探索

几亿年前的化石上怎么会有人类的脚印？火星上有生命吗？黑洞真的是宇宙未知时间的大门吗？恐龙是怎么灭绝的？鲸为什么会集体自杀？埃及人在那个时代是怎样建造金字塔的？百慕大三角有多神秘？麦田怪圈如何解释？爱达荷魔鬼三角地为什么会恐怖翻车？……太多的疑问，太多的好奇，人类需要更多的探索，人类需要解开更多的谜团。

诸多的未解之谜，也许就在孩子感兴趣的天文、地理、自然、历史、物理、化学等各个领域，这就是刺激孩子进行探索的良好契机，请鼓励孩子踏上探索未解之谜的旅程吧，没准孩子有一天就会向我们揭开一个惊人的谜团。

◆未知世界需要探索

从外太空到地球，从自然到历史，从科学到艺术，在众多领域中无不存在着人类还未发现的世界。宇宙之中除了星辰以外，还有生物吗？有没有像人类这样伟大的智慧生物？真的有UFO吗？广袤无垠的深海里，有超乎人们想象的景致，如巍峨的山脉、无垠的平原、威力强大的火山，海底世界到底藏有多少不为人知的秘密？我们的身体，这台蕴藏着无穷潜能的机器，我们真的了解它的神奇吗？

人类的进步就是在无穷答疑解惑的探索过程中实现的。我们的孩子，也许会在将来的某一天给我们展示一个陌生而神奇的世界！

◆前人也许错了

真理需要探索，需要反复求证。前人认为是真理，也许后人就会推翻它。用这种敢于质疑的态度和精神去探索科学，或许真的能证明前人错了。

在伽利略之前，古希腊的亚里士多德认为，物体下落的快慢是不一样的。它的下落速度和它的重量成正比，物体越重，下落的速度越快。上千年来，人们一直把亚里士多德的这个学说当成不可怀疑的真理。而年轻的伽利略根据自己的经验推理，大胆地对亚里士多德的学说提出了质疑。经过深思熟虑，他决定亲自动手做一次实验。

美国国父华盛顿曾说："怀疑论者是社会前进的力量"。没有了质疑，社会就会如同死水一般毫无生机，因此社会需要质疑之声打破这潭死水。敢于质疑，是一种难能可贵的精神。发现疑点，大胆求证，哪怕怀疑对象是权威的观点，也应该支持孩子以无畏的勇气在实践中得到真知灼见。

◆你是勇敢的

发现了生活中的问题，或者发现了前人探索的结论不正确，要有勇气站出来说清楚，否则真理会被永远埋没在真相下面，对人类将是莫大的损失。

父母要鼓励孩子把自己的发现大胆地说出来，当孩子拿不准时，还可以和孩子一起去探索，去求证。

今天大家都知道，太阳并不是宇宙的中心，也不是静止不动的，太阳中心说只是那个时代的产物。时代在进步，科学在进步，各个领域都有无数的课题等待着孩子去探索、去发现。

【父母学堂】

科学探索能带给孩子什么？

大自然有数不清的奥秘，它把自己的秘密隐藏起来，不愿意轻易让人发现。探索大自然的秘密就好像在跟大自然玩“捉迷藏”的游戏，这能激发孩子的好奇心：你越是藏而不露，我越要找到你。所以说，孩子喜欢科学探索。但科学探索能带给孩子什么呢？

父母们给孩子讲科学探索，孩子可能听不懂，也没兴趣听，他关注的只是探索过程中的快乐体验。但父母不能不知道科学探索对孩子身心发展的意义，而且只有真正明白这个意义，才能支持、鼓励孩子进行科学探索活动。

◆能够让孩子感觉世界是美妙的

古希腊哲学家亚里士多德认为，科学与哲学始于惊异。也可以说，科学始于人的好奇心。孩子的好奇心是最强的，所以人们赞同许多科学家、艺术家的观点：孩子生来都是科学家、发明家、艺术家。

在科学探索活动中，孩子的好奇心能够得到最大的满足。在好奇心驱动下进行科学探索，孩子是快乐的。这种状态下，不仅创造力活跃，而且有持久的原动力，使孩子更深地体会他所生活的这个世界是多么奇妙、多么美丽！

◆可以帮助孩子获得早期科学经验

在孩子的科学启蒙教育中，孩子会通过自己的观察、操作，直接感知和接触周围世界的事物，从而获得一定的早期科学经验。例如，母鸡会下蛋，公鸡会啼叫；鱼儿离不开水；鸟因为有翅膀，所以才会飞；风力会使风车转动，也可以使帆船前进；物体之间的摩擦可以产生热……而这些科学经验就是孩子早期接触世界所感知的事物给他们留下的印象。这些都是孩子学习的基础，对于孩子形成科学概念具有重要意义。

◆有利于培养孩子的创造性思维

孩子进行科学探索活动时，视觉、听觉、触觉等都在充分地感知事物，发现问题，这有利于提高孩子的认知能力和思考能力，使孩子创造性地解决问题。

孩子能创造性地提出问题，说明他的想象力和思考力正在不断发展。如果父母能够和孩子一起去探索，找出新奇的答案，那么孩子的创造性思维又能获得提升。

◆可以培养孩子对科学的热情

巴甫洛夫说：“科学需要人们最大的努力和热情。当你工作和研究的时候，必须具有强烈的热情。”孩子探索科学也需要热情。而热情来自于成就感。孩子在探索科学的过程中，让他们相对独立地进行操作、实验、感知和观察等活动，这都是在为孩子提供获得成功的机会，从而使他们体验到成就感，感受到自己的能力，有助于培养“我能做，我会做”的自信心，并由此喜欢上科学探索，最终迸发出探索科学的热情之火。

总之，科学探索需要孩子仔细地看、尽情地问、大胆地想、积极地做，所以它带给孩子的将是善于观察的眼睛、能说会道的嘴巴、勤于思考的大脑和灵巧能干的双手。作为父母，应该和孩子一起探索，一起享受探索的快乐，一起享受成功时的喜悦，一起培养科学探究的精神，让孩子成为一个快乐的人，一个勇于探索的人，一个敢于挑战的人！

第6章　帮助孩子爱上读书

读书使人睿智优雅

“书是人类进步的阶梯。”书是前人劳动与智慧的结晶，是人们获取知识的源泉。书在每个时代、每个地方，都有着不可替代的地位。

“书犹药也，善读之可以医愚。”虽然书中包含着无穷无尽的知识，但不去读它，它对你就不会有任何的帮助。为了推动更多的人去阅读，联合国教科文组织将每年的4月23日确定为“世界读书口”，其目的是“希望全球各地的人们，无论年老还是年轻，无论贫穷还是富有，无论患病还是健康，都能享受阅读的乐趣。”

有些孩子不愿意读书，是因为他们不知道读书能给自己带来什么。所以，作为父母，一定要在孩子小的时候用形象生动的语言让他明白读书带给他的益处，只有当孩子真正认识到读书对自己的帮助有多大时，他才会乐于读书。

◆读书能丰富知识

人不是天生就知道很多知识，而是要在日常的生活与学习中慢慢获取，然后使自己丰富起来、成熟起来，缩小无知的领域，并对世界、对大自然、对自己有一个更加深刻地了解，然后再在这个基础上继续探索，从而推动着人类不断向前发展。但是，这个知识获取的过程，就离不开阅读和研究前人留下来的书籍与著作。

◆读书能开阔眼界

眼界的含意是指一个人见识的广度。看一个人，不妨先看他的眼界。

不爱读书的人往往受眼前世界所禁锢，只看到眼前和周围发生的事情，不能看得更高更远更宽，言行举止也无法突破这个局限的环境，其一生的作为也必将是有限的。对于读书之人来说，他拿起一本书，就如同走进一个不同的世界，立刻接触到世界上一个最健谈的人，带他走进不同的国度与不同的年代，指引他与圣贤、大家探讨思想和学问。

父母应该让孩子从小热爱读书，从中了解他人的思想，吸取他人的教训，借鉴他人的经验，以武装头脑、增长见识、拓宽视野、创新思维，有助于将来成就一番事业，避免因鼠目寸光、见识短浅而难有所作为。

◆读书能增长智慧

书是先贤们智慧的浓缩，“书籍把我们引入最美好的社会，使我们认识各个时代的伟大智者”，我们可以从书中感受先贤们的智慧，学习他们的智慧，运用他们的智慧，然后增长自己的智慧。

爱迪生一生发明了几千种东西，大家都说他聪明、有智慧、是个天才，其实这都与他的勤奋读书是分不开的。他常常通宵达旦地读书、查资料，困极了，就以书当枕。因此，有人风趣地说：“怪不得爱迪生有那么多的知识，原来他在睡梦中也要从书里吸取营养。”

◆读书能增强本领

今天这个社会日新月异，新知识、新信息层出不穷，“书到用时方恨少”的“本领恐慌”经常会出现在每个人的身上，要紧跟时代潮流、不当落伍者，就必须增强才能和本领，读书无疑是最有效的办法。读专业技能方面的书，可以不断提高自己的技艺，使技能精益求精；读社交方面的书，可以掌握沟通协调、为人处世的本领，获得交往经验；读经验做法方面的书，可以学习智慧、积累经验、增加阅历……书籍种类繁多、涉猎广泛，无论哪一种书籍，只要认真阅读，就会从中受益。

◆读书使人晓理明志

郑板桥在给其弟的信中告诫："读书中举中进士做官，此是小事，第一要明理做个好人。"可见，做个明事理的人是多么重要。一个人明事理，他才能分清善恶、辨明是非，才能知道什么事应该做、什么事不应该做，才能明白事情应该如何做，才能成为一个知书达礼的人。

做一个志向坚定而远大的人，也需要用从读书中获得的知识和道理不断激励自己。"一本好书，可以影响人的一生。"这句话是有道理的。每个人都有自己心中的英雄或学习榜样，如军人、教师、科学家、英雄人物等。这些令人们崇拜或学习的楷模，大部分还是需要通过阅读各类书籍来认识的。读书时，孩子们会潜意识地将自己的思想和行为与书中所描述的人物进行比较，模仿他们的行为举止，学习他们的精神，这样做无形中会把自己塑造成和他们一样的人，如长大后也去当军人、教师、科学家等，并驾驭人生的航船航行得更远。

◆读书可以修身养性

"一本好书就是一个好的社会，它能够陶冶人的感情与气质，使人高尚。"生活在社会的大熔炉中，每一个人都需要不断修身养性，减少浮躁、茫然、焦虑等情绪对身心带来的伤害，淡泊名利，知足常乐，以平常心面对生活，活得开心、舒心、优雅、从容。而通过读书进行思考，反省内心，就能告诉自己如何做到婉约有致、内涵丰富、温文尔雅、情操高尚。初尝成功之时，告诉自己做到不狂不羁、不迷失自我；遇到挫折时，从书中获得的鼓舞和力量会跃上心头；迷茫的时候，一种前进的动力会帮助自己及时修正人生的航向，顿时觉得柳暗花明；生活中，处处展现自己高贵、文雅、彬彬有礼的素养；面对严酷的竞争，留给自己一份冷静与清醒，尊重对手，以长远的目光和心境规划自己的人生。

有人说，爱读书的人历经岁月打磨越久，越能给人一种感性而不张狂、典雅却不孤傲、内敛却不失风趣的可亲可敬之感。孩子从小接受书中智慧的熏陶，做一个有修养且快乐的人并不是难事。

总之，读书带来的好处有很多。父母一定要让孩子知道，每个人每天必须读书，这样才能不断丰富自己、完善自己，才能获得生存能力、提高生活质量，才能拥有更深的涵养、更好的气质、更优雅的情趣。

亲子共读，孕育兴趣与习惯

亲子共读，是指爸爸妈妈陪着孩子一起阅读，这是培养孩子阅读兴趣和阅读习惯的最佳方式。尤其是处在学龄前阶段的孩子，他们不了解书本的内容，也没有能力自己阅读，更需要父母陪在身边，给他讲故事或读给他听。坐在父母的膝上听爸爸妈妈给自己讲故事或读书，或者听着故事进入甜蜜梦乡，将给孩子留下温馨的童年回忆。这也是做父母的一份幸福和责任！

亲子共读可以是父母给孩子讲故事，可以是父母读给孩子听，也可以是孩子读给父母听，还可以通过游戏、表演、图画、手工、实验等方式进行。不管哪一种方式，重要的是，父母与孩子一起享受这个过程，不仅培养了孩子读书的兴趣，还因孩子在爸爸妈妈的怀抱里很有安全感而增加了亲子感情，这对孩子的性格、心理成长都很有利，让孩子在快乐中得到心智的全面发展。

◆给孩子讲故事

孩子都喜欢听父母讲故事，故事能使孩子产生丰富的联想，激起对故事情节的深究，从而引起孩子的阅读兴趣，影响孩子的一生。

父母需要根据孩子的年龄选好书，并把书中的内容以讲故事的形式和孩子分享。这个过程中，父母要善于运用声调的抑扬顿挫、肢体的动作、面部的表情、声音的模仿等吸引孩子。讲故事随时随地都可以，孩子要求讲的时候，爸爸就讲给孩子听；孩子睡觉前，妈妈也可以讲给孩子听；带着孩子散步，同样可以一边走一边讲。让故事融入孩子的日常生活最好不过了，故事中的哲理、精神等积极向上的东西会永远陪伴孩子。

◆大声读给孩子听

对于阅读有一定困难的孩子或者阅读习惯还没有形成的孩子，大声读给他们听是引领他们亲近书籍，培养阅读兴趣的最好方式。大声读可以吸引孩子的注意力，孩子听着爸爸妈妈富有感情的声音，会始终处于一种放松的愉悦状态中，随着故事走入一个个美妙的情境之中。声情并茂的朗读还可以加深孩子对语言的记忆，令孩子回味无穷。很多孩子还会在听过之后不由自主地自己读起来、说起来。他们模仿人物说话，反复回味或诵读其中的片段，在这种回味中逐步培养对阅读的兴趣，积累自己的语言。

父母可以根据孩子的年龄特点和知识智力水平，选择适合孩子口味的书，大声读给孩子听，让孩子体验最畅快的阅读享受。

◆在游戏中阅读

孩子都是爱玩的，爸爸妈妈还要多考虑如何让阅读更生动、有趣，通过一些寓教于乐、有趣的游戏形式让孩子爱上阅读。游戏是孩子最喜爱的方式，可运用角色扮演、情境虚拟等多种游戏形式展开阅读，使孩子在轻松、快乐的氛围中不知不觉地完成阅读活动。

比如，读到《小红帽》这个故事时，可以让孩子扮演成小红帽，爸爸扮演大灰狼，妈妈扮演成外婆，一家三口把故事情节表演出来，在互动中演完故事。这种“演故事”的形式生动有趣，孩子非常喜欢，孩子的观察力、想象力、语言表达能力、逻辑思维能力等都将得到极大的锻炼。

◆和孩子“聊”书

所谓“聊”书，意思是说和孩子一起聊书里讲过的故事。在和孩子一起读书的时候，可以和他讨论你们正在读的故事。比如，当小红帽来到外婆家，而并不知道躺在床上的是大灰狼时，可以问问孩子他觉得下面会发生什么，小红帽会不会发现那是狼扮的外婆；还可以在孩子读完一个完整的故事之后，和他讨论这个故事中的一些情节，或者让他说说自己读完这个故事有什么想法等。这些都能够促进孩子对于故事内容的理解，孩子也会比较有成就感，从而增强继续读书的信心。

◆鼓励孩子叙述

当孩子读完一个故事或看完一篇文章时，要鼓励孩子叙述出来。父母在一旁要注意适时鼓励、表扬和引导，让孩子感到兴奋和自豪，由此产生阅读更多书的愿望。叙述过程中，当孩子讲错了或讲得不够好时，不必马上纠正。有些孩子不爱阅读是由于家长不尊重他的智慧和自尊心，一味地指点纠正，使孩子感到厌烦。

总之，父母平时不管有多忙，每天坚持二十分钟或半小时的亲子共读，为孩子朗读一段故事或与孩子共读一本好书，让孩子在还不认识字的时候，就透过妈妈的声音认识世界、认识书、爱上书。即使孩子已经识字，妈妈仍可透过与孩子共读，传达对他的爱和期许。读书给孩子听，是亲子对话的开始，是影响孩子一生的快乐读书的开始。

此外，据调查显示，与妈妈陪伴孩子读书相比，孩子更喜欢爸爸陪自己读书。但是，现实生活中，大部分爸爸都很少陪孩子读书，致使“爸爸陪读”是孩子渴望却又缺欠的。所以，专家提醒父母，爸爸对孩子的教育有着和“妈妈式”教育不一样的作用，对孩子的影响也是不一样的，爸爸们也应该抽出宝贵的时间，陪孩子一起读书，和孩子一起玩耍。

总之，不论哪种方法，父母都要考虑孩子年龄特点和个性特征。对不爱读书的孩子，父母不要操之过急，更不能施加压力，要变换引导方法，相信经过长时间的引导和熏陶，孩子一定会对读书产生兴趣。

快乐阅书，健康成长

◆愉悦的氛围很重要

孩子的快乐阅读，重要的是阅读过程中的身心愉悦。尤其是早期阅读，重要的不是让孩子在阅读中学习知识，而是让孩子从中体验到阅读的乐趣，激发阅读的兴趣，养成阅读的习惯。至于开阔眼界、丰富知识、增强理解能力、学习汉字等，应该是早期阅读的副产品。

而有些父母在孩子读书的过程中给孩子设定了一定的目标，要孩子提高学习成绩、提高修养，要求孩子学会这个、学会那个。如要求孩子认识多少个汉字、记住多少个好词好句等，这会让孩子觉得是为了学习而去读书，让阅读变成一种压力，那么他就会像对待课本一样对待课外书，最终丧失兴趣。

所以，父母要调整自己的心态，淡化读书的“教育功能”，树立“广义阅读”的观念，认识到阅读不只是识几个字、背几个句子那么简单，而是培养兴趣和习惯，让孩子体验乐趣，使孩子把书当成朋友，让读书陪伴孩子的一生。而且父母一定要明白，想要让孩子喜欢阅读，一定要让他体验到阅读的乐趣，只有在他觉得这件事很有意思时，他才会主动去做。

另外，陪孩子读书的过程中，父母们会发现孩子爱玩书、撕书、咬书、乱画，还爱乱翻书、倒着看书，经常反复读同一本书。其实，孩子的这些行为是他们身心发展过程中的正常表现，是他们对书喜欢或感兴趣的表现，是他们阅读兴趣的独特表达方式。有的父母会对孩子的这些行为加以强行制止，这样做会破坏孩子对读书的兴趣。父母要做的就是给予宽容和理解，适当尊重孩子的行为，才能维持孩子阅读的热情。如果担心或心疼孩子撕坏书，可以给孩子买一些不易破坏的布书，或者换一些广告纸给他们“玩”，切不能粗暴地从孩子手中夺走书或大声斥责孩子。

◆带着孩子去买书

生活中，不少父母会有这样一种体会：自己费心劳力地为孩子买回一摞一摞的书，而孩子却连动也不动。这是因为父母们买的书不是孩子想要看的。最好的办法就是带着孩子一同逛书店，让孩子知道书里面的内容能让自己开心，能给自己带来快乐，这时再向孩子推荐合适的图书，买回来的书孩子才喜欢读。孩子自己亲手挑选书籍时，心里是无比兴奋的，觉得自己可以为自己的事做主了，会产生一种自豪感，也会迫不及待地去读自己选的书。

◆不限阅读的内容和时间

让孩子阅读的目的，是要帮他构筑一个有人文修养的人生，而不是仅仅拿名著塞满他的书箱。所以，父母要鼓励孩子读不同类型的书，这样孩子才会有不同的收获。比如，父母要制定一个度假计划，最好和孩子一起上网，好好研究一下要去的景点，了解一下当地的历史和文化背景，也可以买相关方面的书；如果家里新添了一条小狗，那就去选几本跟狗宝宝有关的书。这样获得的书孩子都喜欢去读。

如果发现孩子特别喜欢某一本或某一类书，最好给孩子准备好同一系列或同一种类的书。许多父母不喜欢这样做，认为这会影响孩子的阅读质量。但孩子在下一本书中读到相同的人物，会让他感到亲切和快乐。

至于什么时候读书，最要紧的还是要看孩子自身的状态，切不可让孩子带着被动或消极的状态去阅读，不能强求孩子固定在什么时候读书，只要孩子愿意，什么时候都可以。

随着孩子的长大，他就开始学着自己真正地去读一些书了。但阅读毕竟不是一件像想象中那么轻而易举的事情，尤其是开始阅读较晚的一些孩子。这时父母如果能够帮助孩子，那就是给阅读一个快乐的起点，让快乐阅读引领孩子快乐成长。

掌握方法，轻松领悟

无论干什么事情，只要掌握了方法，就会事半功倍，孩子读书也不例外。掌握了读书方法，孩子就会觉得读书不是一件难事，而且能从中体验成功的感觉，收获乐趣。读书也有各种有趣的方法，不信请看——

◆“预习”新书

当孩子拿到了一本新书的时候，尽管他是那么喜欢上面的小恐龙，可还是不太愿意看里面的内容或坚持不了几分钟。这时，父母可以先和孩子一起“预习”一下这本书。从封面到内页，主要浏览里面的图片，指着图画给孩子大致讲述一点情节，还可用图片的内容提出问题，孩子会通过自己的生活经验或思考来想象故事内容，然后可以跟他说等仔细读这本书的时候就会知道了，调动一下孩子的兴趣和积极性。同时，有一些超出孩子年龄太多的生字生词，可以在“预习”的时候就讲解给孩子听，让他在自己阅读的时候不至于太“害怕”。

◆猜书

猜书就是在阅读一本书之前，不是急于翻开书从头至尾地读，而是看着书的名字思考一会儿，猜书的结构、人物、结局等，然后看看目录或简介，对比自己的猜想和作者想的是否一致。如果猜得差不多，孩子会有一种成就感，觉得自己都可以与作者相比了，读起来更加带劲；如果猜得与作者的想法距离太大，孩子就会在读书过程中把自己的想法和作者的想法进行比较，查找自己的差距。

◆不懂先跳过去

孩子读书时，不是每个词每句话都能读懂，总会遇到一些“拦路虎”。父母要告诉孩子，遇到不懂的字词句或有疑问，不要硬去钻牛角尖，把它们画出来，继续往前读。随着故事情节的发展，可能读到后面的时候，前面的意思也就懂了。如果读到最后还是不懂，可以回过头来查一查资料，生字可查一查字典。如果碰到不懂的就停下来去查，这样会打断情节，尤其是看到精彩的部分时会打断兴致，让阅读不尽兴，还会耽误时间、降低阅读效率。

鲁迅读书时，对看不懂的地方，他认为“若是碰到疑问而只看到那个地方，那无论看到多久都不会懂。所以跳过去，再向前进，于是连以前的地方也明白了”。

◆与别人讨论

读书中，遇到不懂的或难于理解、记忆的内容，可以教孩子请教他人或与别人讨论，自己认为精彩的也可以与别人讨论，这样做会使孩子印象深刻，便于记忆。一个人埋头研究，不仅少了乐趣，也不一定能够解决或记住。

爱因斯坦从小就有刻苦自学的习惯，但他在读书学习时绝不搞不必要的死记硬背，经常爱和朋友在一起讨论，这使他感受到了交流的乐趣。

◆一气读完

遇到特别喜欢的书时，有的孩子喜欢一口气把它读完。当然，这个“一口气”不是说真的不吃不喝不睡，而是指用最短的时间把它看完，不像大多数情况下那种一天看几页，一本书要持续看一两个月。这种方法带给孩子的乐趣是，快乐地体验书中主人公的喜怒哀乐，迅速看到结局，觉得过瘾。

◆“总—分—合”法

“总”，就是先对全书形成总体印象，在浏览前言、后记、编后等总述性东西的基础上，认真地阅读目录，概括了解全书的结构、体系、线索内容和要点等。

“分”，就是在“总”的基础上，逐页却不是逐字地略读全文。略读中要特别注意书中的重点、要点及与自己需要密切相关的内容。

“合”，就是在略读全书后，把已经获得的印象条理化、系统化，使观点与材料有机结合。经过认真思考、综合，弄清全书的内在联系，以达到总结、深化、提高的目的。

这是爱因斯坦总结出来的一种读书方法，对于上学后的孩子比较有用，可以帮助孩子提高孩子分析推理、总结概括的能力。

这些方法都能帮孩子技巧性地读书，而且每个方法都有其独特的地方，父母可以根据孩子的实际情况和特点，为孩子选择适合的读书方法，使孩子不觉得阅读很难，让孩子快乐读书。

引导孩子多读好书

父母要引导孩子多读书。多读书带给孩子的好处在本章开头已经交代过了，如增长知识、本领、见识，陶冶情操，带来精神享受等。这里说说多读书能给孩子的学习带来什么帮助。

学生的知识体系是通过课内外的自主学习而逐渐建立起来的。读书是搜集和汲取知识的一条重要途径。孩子从课堂上掌握的知识不是很具体，也不是容易理解的，需要再消化才会吸收。大量的阅读，可以将孩子从课内学到的知识，融汇到从课外书籍所获取的知识中去，相得益彰，形成一个牢固的知识体系。

多读书还可以提高孩子的写作水平，所谓“读书破万卷，下笔如有神”“熟读唐诗三百首，不会作诗也会吟”说的就是这个道理。平时读书时积累的好词好句和生活哲理，写作时都可以用上，使自己的文章更富有文采和美感，同时在读书中还可以仔细体会作者的思想感情，学习一些更好的写作方法，使自己在写作方面如鱼得水。

有的孩子可能会说功课多，没有时间读书，这是借口。鲁迅说："时间就像海绵里的水，只要你愿意挤，总是有的。"鲁迅就是把大家喝咖啡、谈天的时间，用在了学习上。放学做完功课、周末、节假日等都能读书，哪怕每天半小时，只要坚持，就能积少成多。

多读书，还要读好书，才能使人有爱心、行为文明、礼仪规范，才能让人分清美丑、识别善恶、明辨是非，才能让人渐渐地高尚起来、纯洁起来。因为"好的书籍是最贵重的珍宝""读一本好书，就是和许多高尚的人谈话""读过一本好书，像交了一个益友"。那么，什么才是好书呢？

对于孩子来讲，孩子喜欢的书就是好书。一项以少年儿童为对象的阅读调查中，孩子们表达了自己对心爱的图书的看法："有想象力""惊险""集科普与幽默于一身""惊险科幻又有深刻意义"等。这样看来，文学、艺术、军事、科幻和历史方面的书，才是孩子最爱看的。特别是介绍科学知识的书，几乎是每一个少年的渴求。真正的好书不是教给孩子片面知识，而是用最易懂、最贴近孩子的语言书写，教给他们一种思维方式、一种方法，让他们主动去获取新的知识。

具体来说，当孩子处于早期阅读阶段时，下列几类书可被视为好书。一类是关于想象的，如童话故事；一类是关于哲理的，如寓言故事；一类是关于自然现象的，如风雨雷电的形成；一类是关于生命的，如树叶的生长和落下。另外，还有一些关于情绪理解、社会交往的，都可以拿来让孩子读。入学后，科普类、儿童文学类、经典名著等孩子都可以读，还可以让孩子读一些简单的理财类的书。其中，名著给孩子带来的乐趣和激励是巨大的。

总之，一本让孩子觉得世界无比广大、心胸无比宽阔、不会为同学之间的一点小误会小摩擦而生气计较的书，那就是一本好书；一本让孩子产生想要探索世界奥秘的愿望、想像书中主人公一样勇敢地保护地球、想要让世界变得更加美好的书，那就是一本好书；一本让孩子想要帮助成绩不如他的同学、让他在公共汽车上随时让座、让他在学校募捐时首先想到倒空储钱罐的书，那就是一本好书。

【父母学堂】

给孩子选择图书的技巧

孩子什么时候应该读什么书，那么多的出版社出同样的书应该选哪一家的，选择图书时应该注意什么，这些都是不少父母非常关注的问题。下面看专家如何为大家支招。

◆不要过分关注年龄和阅读书目的对应性

6岁以后，由于有了以前的阅读基础，孩子开始形成自己阅读的兴趣。这时，孩子该读什么书，不要太关注孩子的年龄、上几年级，应该根据孩子以前的阅读基础和兴趣给他添置图书。比如，小学三年级的孩子，有可能以前很少阅读，识字量也不够，如果推荐看纯文字作品显然不现实；但有的孩子已读过一些文字小说，就可以推荐一些更有高度的作品。

父母可以给孩子选一些经典的历险读物，如《小老虎历险记》《假话国历险记》《丁丁历险记》《吹牛大王历险记》《魔法师的帽子》《木偶奇遇记》《辛巴达航海的故事》等，这类图书几乎没有孩子不喜欢。

经典名著也是很棒的选择。现在市场上都有儿童版的古典名著，孩子也能看懂。比如，我国的四大名著，国外的《鲁滨孙漂流记》《钢铁是怎样炼成》《童年》《假如给我三天光明》《昆虫记》《爱的教育》《傲慢与偏见》《约翰克利斯朵夫》《忏悔录》等，都可以拿给孩子读。

像中外儿童文学、中外历史故事、中外名人故事、散文随笔、百科全书等，以及《哈利波特》《魔戒》等科幻系列的图书，也都非常受孩子的欢迎。

另外，韩寒、张悦然等少年成名作家的书，尤其是他们的成名作，可以给上中学的孩子看一看，因为这个阶段的孩子需要一些和他们时代相贴近的阅读。

一本书适不适合孩子读，最主要的是看他有没有兴趣看，愿不愿意看。只要孩子愿意，就鼓励他去读，不要人为拔高，也不要人为阻碍。当然，这与有的父母有意地推动孩子提高阅读口味并不矛盾，孩子理解水平高，就可以让他读一些对于同龄孩子来说较难一点的书，这样才能满足孩子的阅读兴趣与阅读需要。

◆根据孩子的兴趣添置图书

孩子在每个发展阶段可能都有特别感兴趣的东西，如3岁的孩子特别喜欢汽车玩具和图片，5岁的孩子喜欢各类兵器，6岁的孩子对漫画情有独钟，13岁的孩子非常喜欢宋词……这就要求父母细心观察孩子的喜好，根据孩子个性特点，选择符合他们兴趣的图书。因为只有孩子自己感兴趣的书，他才会主动去看、去学，才会有阅读兴趣。

◆选择正规出版社的作品，尤其是名社

有的父母可能为了便宜或方便等原因，给孩子买地摊书，这些书很可能是盗版书。盗版书印刷质量差、错别字多，孩子看了得不偿失。其实，最保险的一个办法就是进正规的新华书店去买，或上信誉好的网站去买。像一些专业的少儿出版社，它们出的书一般质量都有保证。

◆具体选择什么书：第一选经典，第二选口碑

市场上的幼儿读物品种繁多、琳琅满目，到底应该先哪本呢？专家建议大家：第一选经典，第二选口碑。

只有好书才能流传下来，凡流传多年的才能称为“经典”。所以，买书选经典一般错不了。比如，《水浒》《红楼梦》，有谁会选错呢。

至于口碑，可以问问周围的人或认识的人，看他们买过的书怎么样，如果多数人都说好，那一般也就错不了。现在的父母喜欢在网上买书，就可以看一下读者评论，多看一些，如果只看几条，可能不准确，多看会留下一个综合印象。当然，网上的有些评论不真实，需要警惕。以经验来看，一本书能在当当网上获得五星在65%～75%，四星在15%～20%间，加起来好评率在80%～95%间，一般就是好书。如果仅五星得星率一项就在90%以上，很有可能是一个人为操作的后果。还有一个鉴别办法，就是看当当五星榜的“累计榜”，而不是近期排行，也会看出一些道理。

第7章　鼓励孩子大胆与人交往

孩子需要与人交往

实践表明，拥有和谐的人际关系，人才能生活得轻松，生活质量才高。试想，一个人整天都陷在不知道如何与同事相处的痛苦之中，害怕走进办公室，那么他怎么可能轻松地上班，怎么可能提高工作成绩。这样的人一定是愁眉苦脸、悲观丧气的人，当然也不可能交到朋友。 但是，一个人成年后的人际关系状况，往往与幼年时的人际交往能力有着密切的联系。因此，父母一定要认识到孩子从小与人交往的重要性，并鼓励孩子与人交往。那么，这些重要性体现在哪些方面呢?

◆交往是孩子的基本需要

儿童心理研究表明，孩子从小就表现出与人交往的需要：妈妈喂婴儿吃奶时，跟他说话，孩子会用眼睛看着妈妈或以笑作答，这是母子之情的流露和表现；孩子也非常喜欢跟小伙伴交往，即使不认识，只要碰在一起，八九个月大的婴儿便会互相摸抓，以表示亲热，年龄大一点的则因为有共同的乐趣、相互能懂的语言，很自然地在一起玩耍。而且，当这种交往需要得到满足时，孩子往往特别高兴。

而有些父母因自己不善于与人交往，或者不懂儿童心理发展特点，不知道交往是孩子的基本需要，长期把孩子关在家里，导致他们因缺少与人交往，特别是与小伙伴交往的条件，个性、情感、语言、智力等方面的发展都受到严重影响。相反，孩子与人交往的需要得到重视，他的发展便是很健康的。

因此，父母要正确认识孩子与人交往的需要，有意识地创造交往的条件，满足孩子情感上的需要。

◆交往有利于孩子的智能发展

人际交往是一种基本智能，指能够察觉并区分他人的情绪、意图、动机和感觉，并运用语言、动作、手势、表情、眼神等方式与他人交流信息、沟通情感的能力。2～6岁是人际交往能力成长的关键时期。这个年龄段的孩子，应该表现出一定的人际交往能力。比如，妈妈生病时，孩子能理解、感受妈妈的难受，并且说一些关心的话语；游戏过程中出现矛盾和纠纷，孩子能够学会克制独占、利己的想法，能与他人共同协商等。

如果能抓住这个黄金时期培养孩子与人交往的兴趣与能力，将有利于孩子以后和谐人际关系的建立。

◆交往有利于孩子的个性发展

通过交往，孩子便有机会观察自己和了解他人，并将自己与同伴进行比较，从而发现自己的优点和不足，促进自我认识和自我评价健康发展。同时，在与同龄人的交往中，孩子得到的不再是父母、老师居高临下的指导，而是能与同伴协作共同完成任务的条件与机会。当然，他们必须学会自主和合作，学会分辨是非，因为只有这样才能得到同伴的喜爱和接受，否则将被拒于同伴团体之外。

◆交往有利于孩子良好情绪情感的建立

交往中，特别是同伴交往中，孩子之间的对话、游戏、竞争都是平等的，他们有充分的机会表达和交流情感，获得愉快的情绪体验。而这种情绪体验正是儿童产生和发展友谊的基础。在与小伙伴游戏中，孩子通过扮演各种社会角色，如医生、病人、司机、售货员、教师等，体验这些角色的社会职责，了解角色的思想感情，使同情心、责任感等得到发展。

◆交往有利于孩子的心理健康

心理学家们普遍认为，人际关系代表着人的心理适应水平，是心理健康的一个重要标志，而人际交往不良常常是心理疾病的主要原因。缺少正常人际交往的孩子，往往会表现出如下适应困难：拘谨胆小、害羞怕生、孤僻退缩，或自我中心、不能合作、任性攻击等。而人际交往中的尊重、分享、合作、关心则是预防和治疗这类心理问题的灵丹妙药。由此可见，从小培养孩子具有良好的人际交往能力和水平，对促进其心理健康发展、预防各种心理疾病有着积极而重要的意义。

轻松交往从家庭开始

家庭是孩子学习人际关系的第一所学校，家长则是孩子的第一任老师，要想让孩子掌握交往技能，必须首先培养孩子的交往兴趣，而交往兴趣的培养必须从家庭开始。因为一个人都不愿意与自己的父母交往，那么他怎么可能与别人交往，即使与别人交往，也会是不长久的交往，也会因交往不畅而失败。

◆让孩子在爱中产生交往愿望

父母是孩子最亲近的人，他们关系的和谐及他们对孩子表现出来的充满爱意的一言一行都会深深地打动孩子的心。家庭温馨，父母和睦，周围处处洋溢着爱的味道，天天被爱包围，这种环境里成长的孩子喜欢与父母沟通与交流，亲子关系融洽，孩子对外也表现出愿意与人友好交往的愿望。如果孩子处在一个没有爱的家庭，他根本体验不到被爱的感觉，那么他首先就不可能喜欢与父母交流，与父母的交流也不会顺畅，那么即使愿意与别人交往，也很可能会在交往中因存在障碍而最终丧失交往兴趣。

可见，有爱的怀抱，才是交往的第一步。所以，父母一定要给孩子一个充满爱的家庭，让孩子感受交往是轻松的，并在爱的港湾里开始交往的第一步。

◆宽松愉悦的家庭氛围让孩子愿意交往

宽松愉悦的氛围给人一种平等、轻松的感觉。在这种环境中，孩子敢说、爱说、有机会说。而说是交往的第一步，所以要引导孩子愿意交往，首先必须鼓励孩子敢说，让孩子发表自己的意见，适当地参与大人之间的某些讨论，都有利于树立孩子的自信心，使孩子敢于与人交往。其次，家庭中的大小事，孩子能理解的，应该让孩子知道；家庭中有关孩子的一些问题，更应该听听孩子的意见，看看孩子的想法，不要一味地只是家长说了算。这样孩子会感觉到自己被尊重，与父母沟通交流的意愿会更加强烈。

所以，父母要在家庭中创造一种民主平等、亲切和谐的氛围，以父母为中心和以孩子为中心的家庭氛围都是不可取的。父母应当成为孩子的朋友，不要总是高高在上，这样的家庭才是孩子心中理想的家庭，孩子才愿意与家庭中的成员进行交流，并持续这种交流。

◆言传身教，让孩子在耳濡目染中爱上交往

孩子的很多行为都是通过模仿成人习得的。孩子从小就与父母朝夕相处，父母对孩子的影响最为深刻，所以父母的言行举止往往是孩子学习交往的

最好榜样。如果父母对他人、对老人、对其他家庭成员总是礼貌有加，说话的语气总是温和平缓，待人总是宽厚大方，喜欢帮助别人，与邻里关系和睦，孩子受父母这种积极向上的生活方式所熏陶和感染，会在潜移默化中学习这些方式。其实，孩子学习的过程也就是发展交往意愿与交往能力的过程。

另外，在新环境中，父母要注意表现得轻松愉快，不要在孩子面前显现出对新环境和陌生人的排斥，这样孩子对新环境和新结识的人也会是适应和喜欢的。

所以，父母要注意以身作则，把自己美好、善良的心灵展现在孩子面前，用自己大方、热情、乐观、包容的交往方式来感染孩子，使孩子爱上交往。

学会交往应从家庭开始，培养交往意愿是第一步。而交往意愿建立在平等交往的基础上，所以父母最重要的事情就是给孩子营造一个平等交往的心理环境，让孩子在家庭中感受一下与父母平等交往的乐趣与经验，然后再去与他人交往，孩子慢慢地就不再害怕与人交往了。

创造交往机会，培养交往兴趣

现在的独生子女在家缺少玩伴，又由于住在楼房里，很少与邻里的孩子来往，加上爸爸妈妈工作忙，带孩子出去接触人和事物的机会较少，限制了孩子与人交往的机会。没有了交往的机会，谈交往能力的提高只不过是一句空话。因此，父母要在看似没有机会的情况下创造机会，让孩子在日常生活中多接触不同的人，为培养孩子的交往兴趣奠定基础。

◆带孩子走出家门，扩大交往对象

在婴儿期，父母就应该经常抱孩子到外面玩，让孩子有机会接触别的小孩和陌生人，引导孩子对别人与他的交流做出反应或应答，为孩子以后喜欢与人交往做好铺垫。孩子稍大一些时，愿意蹦蹦跳跳地去外面玩，父母就可以带孩子外出散步游玩，陶冶情操，感受大自然的美，并引导孩子观察周围人的生活，鼓励孩子与小伙伴玩耍，鼓励孩子多和别人交流，让孩子在与他人一次次的交往中得到锻炼。

◆鼓励孩子主动邀请别的孩子来家里玩

有的孩子不喜欢别的小朋友到自己家里来玩，原因是怕小朋友把家里弄脏了，把玩具弄坏了，不想和别的小朋友分享自己的食物。这其实也是很多父母头疼的问题。父母可以让孩子邀请一次小朋友试试，小朋友来了之后，父母要热情接待，倒水、拿水果招待小客人，也可以进行简单地交谈；小客人走时，要客气送别，欢迎下次再来。父母这样做的同时，也要鼓励孩子这么做。当孩子体会到了这一次邀请小朋友来家里玩带来的快乐时，以后就会经常邀请小朋友来玩了，而且会主动拿自己的玩具和小朋友一起玩，和小朋友分享水果、饮料等，并进行愉快地交谈。

父母也要允许孩子去别的小朋友家里玩，当然要教会孩子懂礼貌、爱护小朋友的玩具，教孩子到一定的时间主动回家等。这样，不仅培养了孩子的交往兴趣，也使孩子在交往中学会礼貌待人。

◆适当带孩子进入自己的社交圈

亲戚、朋友、同学、同事聚会，父母们之间可以商量着带孩子参加。聚到一起时，要鼓励孩子与别的孩子主动打招呼，主动找别的孩子说话。孩子们的年龄、性格可能各不相同，让孩子与不同年龄的孩子交往，大孩子可以带着小孩子玩耍，小孩子可以从大孩子身上学到很多东西，如他们在语言、操作、交往上的一些能力，体验到游戏或玩耍的乐趣，大孩子则可以从小孩子这里找到一种责任感及关爱别人的意识。这对大孩子和小孩子都是有好处的。

在游戏中发展交往兴趣

游戏是孩子最喜欢做的事情。孩子平时玩的游戏多种多样，其中角色游戏、建构游戏、体育游戏、表演游戏等都需要孩子之间的合作才能完成，所以说游戏是孩子互相交往的最好方式。游戏过程中，父母只要对孩子的言语和行为加以引导，孩子就会顺利完成合作过程，在相互合作的过程中体验到游戏的乐趣和合作成功的成就感，同时也使初步形成的交往兴趣获得发展。

◆游戏为孩子提供了交往机会

角色游戏中，角色是中心，角色也不会只有一个，每个角色都需要一个人来扮演，所以会把几个甚至多个孩子集中在一起。这就为孩子交往提供了一个很好的机会。孩子们通过扮演不同的角色，运用模仿和想象，创造性地反映现实生活，体验并解决人与人之间的关系问题，从而排除自我中心，积极参与交往，求得与环境的融洽和谐。所以，角色游戏是最适合孩子身心发展的需要，是最典型、最具特色、最具有社会性的一种交往形式。

◆游戏为孩子营造了宽松的交往环境

在游戏中，由于没有父母的旁观或干预，孩子的心情通常是比较宽松的，容易沉浸在自己的游戏情境中，也容易流露出最自然、最真实的状态。这种环境下，无论性格外向还是内向的孩子，大多数都乐于主动地与同伴交往，或是愉快地接受同伴的主动交往。

所以，父母要支持孩子多玩角色游戏或多参与集体游戏，游戏内容让孩子自由选择。自由选择游戏，孩子一定会主动游戏，主动游戏必然产生主动交往，主动交往又会促进游戏情节的发展，游戏情节的发展又能增加孩子在游戏中的交往频率。这样良性循环，则会从根本上激发孩子在游戏中交往的积极性与主动性。

◆游戏中冲突的解决增强了孩子交往的愿望

一般情况下，小一点的摩擦孩子都能自己解决，除非不想在一起玩了。而大多数孩子心里是不愿意停止游戏的，所以他们会通过自己独有的方式化解冲突，然后继续愉快地玩，所以父母会看到孩子们刚才还在闹别扭，没过多久却又在一起玩了的情景。在没有父母参与的情况下解决了冲突，会增加孩子处理问题的自信心，也会增强他们经常聚到一起玩的愿望，这就发展了孩子的交往兴趣。

◆游戏后的有效评价增强了孩子交往的信心

孩子玩游戏，只注重体验游戏中的乐趣，很少能有意识地去总结自己的交往经验及游戏中的收获。这时，就需要父母来帮助孩子完成这个任务。游戏结束后，提醒孩子先不收拾游戏材料，直接带着自己的角色来参与评价。在孩子的情境感还很强烈的时候评价，能够帮助孩子联想到自己在游戏中的一些行为表现，更容易发现自己在游戏中出现的问题。

培养孩子的交往品质

现在的孩子大多都是独生子女，备受父母的宠爱，在家中是“小皇帝”“小公主”，自我意识过于强烈，什么事情都要按照自己的想法去做，如果有需要得不到满足，就会大哭大闹。这种性格体现在与他人的交往中，就表现为控制意识强、不懂得分享、不懂得礼让、不会沟通、缺乏忍耐力、不会合作等，而这些表现都会使其他孩子不喜欢与孩子一起玩，使孩子受到同伴的排斥，不能融入群体之中，甚至出现所谓的“伙伴危机”，产生严重的孤独感。

没有人喜欢与孩子一起玩，孩子就得不到与人交往的机会，也就不能体会到交往中的乐趣，当然就不会发展与人交往的兴趣。所以，父母要帮助孩子形成良好的交往品质，使同伴喜欢与孩子玩，为孩子赢得与人交往的机会，使孩子慢慢对交往产生兴趣并发展这种兴趣。

◆教孩子懂礼貌

礼貌是交往中不可缺少的重要品质。有的孩子做不到礼貌待人，一方面是因为缺乏礼貌意识，这些孩子在家里经常表现为过于任性、霸道、蛮横无理，其实责任还是在于父母不能正确引导。对于这类孩子，父母要在日常生活中对孩子进行这一方面的教育，而且要在孩子很小的时候就开始，使孩子从小就做一个懂礼貌的孩子。

另一方面，有的孩子由于性格内向，不善于表达，或者比较胆怯，不敢说话，明明知道自己做错了，也知道该说对不起，但却羞于表达，害怕对方拒绝自己，所以总是不主动去说。这时，父母要让孩子知道，自己做错了事，要把内心里的歉意用语言表达出来，别人才能够听见，才能够原谅你，总把歉意放在心里，别人是不知道的，也可能就不和你玩了。

不管哪种情况，如果父母不加以正确引导，孩子就永远不会获得做错事主动道歉的礼貌习惯，还会很大程度地影响到孩子的交往兴趣与交往能力。

◆教孩子要诚实

诚实是做人的根本，从小培养孩子诚实的品质，孩子长大后做人的招牌才会永立不倒。大部分孩子在玩耍过程中表现出来的不诚实，是因为孩子缺乏明辨是非的能力，是因为有虚荣心和好胜心，觉得别人有的东西自己没有，就想把别人的东西据为己有，所以才会发生所谓的“偷”的行为和说谎。

因此，父母要通过平时的言传身教，讲故事，分析身边小事，说明一些做人的道理，让孩子了解什么是对的、什么是错的，什么是应该做的、什么是不能做的，以及不诚实的行为会给自己带来什么不良后果。引导孩子不做不应该做的事，不说不诚实的话，如果无意中做了错事，要知道知错就改还是好孩子。慢慢地，孩子就会养成诚实的优良品质，让更多小伙伴喜欢他。

◆教孩子学谦让

有些孩子玩的时候总爱抢在别人的前面，这是一种不懂谦让的表现。比如，两个小伙伴同时想玩一个玩具，这时就有可能发生争抢的行为。父母首先要告诉孩子，谦让是一种美德，大孩子要让着小孩子，体现大哥哥大姐姐的风范；小孩子要尊重大哥哥大姐姐，让他们先玩。同时，要引导孩子与同伴进行协商，或者两个人轮流玩，或者两个人一起玩。

问题解决了，孩子会感受到一种愉快的体验，并了解了交往中的良好行为，如轮流、互相交换、协作等，而且知道这种良好行为会让游戏继续下去，吸引更多的玩伴和自己玩耍。孩子这样做了，小伙伴也会这样做，时间长了，孩子们之间就会建立起一种和谐、亲密的关系。

当然，热情、宽容、守信、善良等良好品质都在孩子的交往中不可或缺。有了这些品质，孩子就会成为一个很受欢迎的人，为他的人际交往奠定坚实的基础。

教给孩子基本的交往技能

父母要在平时的生活中教孩子学习一些基本的交往技能，有利于孩子在交往中获得成功合作的乐趣，也为他乐于交往提供了“武器”。

——教孩子主动打招呼。这是最基本的交往技能。见了认识的伙伴，要主动打招呼，还可以像大人见面时寒暄那样，笑一笑，拥抱一下，或者握握手，问候致意。见了新伙伴，同样要主动打招呼，进行自我介绍，说话要使用恭敬言语等。主动能带给人一种热情与真诚的感觉，具有很高的亲和力，让人有想与你交往的愿望。

——教孩子学会分享。分享是交往的基础，不会分享，就不能赢得同伴。父母可以引导孩子拿自己的玩具、图书和别的小朋友一起玩，有伙伴来家里玩时还要让孩子给他们水果、食品、饮料等。

——教孩子用温和的语气说话。有的孩子喜欢用命令或强迫的语气说话，这会给人一种不平等的感觉，让人觉得他不懂得尊重，让别人感到反感，以至于不愿意跟他玩。父母要教孩子微笑着和别人打招呼，交谈时语调柔和，友善地和别人交往。

——教孩子学会友好协商。孩子们在一起玩的时候难免会发生冲突，而通过友好协商来解决或缓解冲突是最好的办法。

——教孩子学会听别人说话。能专心地听别人说话，是对别人的一种尊重，同时也是获得尊重和友谊的途径。父母应该教给孩子做一个认真的倾听者的一些正确做法，如倾听时目光专注、点头、语言附和等。这是孩子学习交往中必须掌握的一个技能。

——教孩子学会控制自己。有的孩子在和小伙伴玩耍的过程中表现出极强的控制欲，希望什么事都自己说了算。这种霸道的做法只会让小伙伴远离他。父母要明确地告诉孩子，自己太任性、太霸道的话，大家就不喜欢和他玩，还要告诉孩子，遇到任何不愉快的事情，都不能骂人，更不能动手打人，要通过沟通与交流的方式解决问题，实在不行还可请大人来解决。通过正确引导，孩子就会逐渐学会控制自己的愿望、行为，学会和别的小朋友协作，并懂得用自己的智慧和爱心去帮助别人。

——教孩子学会关心别人。通常，热心肠的人更容易亲近他人，也更容易得到他人的亲近。父母应鼓励孩子时常关心、帮助别人。比如，好朋友生病了，主动看望或送个小礼物等，都能无形中增进友谊。

——教孩子学会遵守集体规则。孩子们在交往时，会自己制定一些规则来约束每个人的行为。谁破坏了这些规则，谁就会受到集体的排斥。只有自觉遵守集体规则的人，才能得到大家的喜爱，也才会有更多的朋友和他一起玩。所以，父母要让孩子树立规则意识，并体现在实际行动中。

——教孩子学会向别人求助。孩子在玩耍或游戏过程中遇到自己不能解决的问题时，父母要鼓励孩子寻求帮助。在帮助他解决问题之前，不要忘了问一句："你真的需要我的帮助吗？"简单的一句话，可以让孩子懂得在他们无法解决问题的时候，寻求帮助是非常对的。当他们长大成人以后，就不会再为寻求他人的帮助而感到怯懦和羞涩了。

——教孩子学几种比较特殊的本领。对孩子们经常玩的游戏，有心的父母可以指导孩子怎样玩得更好，让他优于其他小朋友。这样，在游戏中，他就会成为孩子里的“焦点”，身边会聚一些人气，不仅能增强自信，交往能力也会有所提升。

——教孩子学会一些小幽默。小朋友在一起玩耍或聚会的时候，假如孩子有许多生动活泼的小故事，或者诙谐有趣的小幽默，就会大有用武之地。适当地讲几个小故事，说几则笑话，能使全场活跃起来。此时，他会有良好的自我感觉，也会备受伙伴们的欢迎。

有了这些有力的“武器”，孩子与人交往的自信心就会增强，也就不怕与人交往了。而交往中的良好行为总能促进孩子交往的成功，成功的交往又能发展孩子良好的行为，并使之转化为一些稳定的交往技能。

【父母学堂】

引导内向的孩子学习交往

有的孩子能很好地进行同伴交往，受同伴的欢迎，是因为他们具有外向的、友好的性格特征，敢于说话，擅长与人交往，在活动中没有明显的攻击行为，比较风趣。有的孩子却被同伴所忽视，他们胆小害羞，在与同伴交往中的行为是笨拙的，大多数时候都是自己玩，这是因为他们有着内向的性格特征。内向的人在各个方面的积极性都比较差，容易导致同伴对他们视而不见。

大家平常也能听到不少父母抱怨自己的孩子内向、胆怯，不爱说话，见到生人就躲，不喜欢与人交往。每个父母都希望自己的孩子活泼、开朗、大方，所以孩子不擅长交往这个问题让不少父母又着急又头疼。这里，与父母们分享一下引导性格内向的孩子主动与人交往的经验。

◆不要强迫孩子与人交往

孩子不喜欢与人交往，而父母却逼着他加入到旁边孩子们的玩耍之中，这样会让孩子产生逆反心理：我不想干的事，你非逼着我干，你越逼我，我越不干。这样即使加入到了群体之中，孩子也不会主动去玩，也不能体验到其中的乐趣。

◆不要总强调孩子的弱势，尤其在外人面前

有的父母总是强调孩子的弱势，说孩子“不会交往，胆小，不太喜欢说话”等，这样只会增加孩子的心理压力，并对他产生不良的心理暗示，让孩子觉得“我就是不会交往，我就是胆小，我就是不喜欢说话”，并在以后的生活中按照这个标准来要求自己，变得越来越不爱交往。其实孩子本来没有父母想象的那般胆怯，在父母的不断责备下反而会愈发退缩不前。所以，父母要能及时看到孩子的优势和每一点进步，并用鼓励的话语传达给孩子，逐渐增强孩子的自信心。

◆找出孩子不爱交往的真正原因，对症下药

内向的孩子不喜欢与人交往，内心是有一定原因的，只不过他们不愿意表达出来而已。有的孩子是因为怕生，有的孩子是因为太依赖父母，有的孩子是因为缺乏自信，有的孩子是因为缺乏交往技巧，有的孩子则是因为肥胖、发音吐字不清等，父母只有针对孩子的问题和困难，帮助孩子找到内心深处的真正原因，才能帮助孩子改善问题。

——怕生。这类孩子大多不常和外人交往，人际交往经验较少，平时只喜欢与熟悉的人来往，在陌生人面前则显得胆小和犹豫，而且往往对他人的脸色和言语非常敏感，在人际交往中很容易受伤。

对于这类孩子，父母要多带他们与外界接触，熟悉不同的地方、接触不同的人，长此以往，孩子才会有适应的能力，愿意进入新环境、乐意与人交往。公园、儿童乐园、早教中心等都是不错的选择。

——依赖。这类孩子平时接触的人可能只限于父母，所以他们对父母太过依赖，觉得父母不在身边，自己就不踏实。

对于这类孩子，父母应及早对其进行“心理断乳”。当孩子有了一定的独立能力时，就应给他一个简单的时间表，让他明白，家庭成员有聚在一起的时候，也有各自工作、游戏的时候，彼此之间不能互相干扰。孩子“心理断乳”要及早进行，不仅有助于他们产生和同伴交往的动机，而且是促进其独立性发展的关键。

——缺乏自信。这类孩子的症结在于对自己没有信心。孩子的语言能力差，自然与人和外界交流的能力和积极性也会较弱。

对于这类孩子，父母要做的就是多鼓励孩子，多给积极的暗示，多为他创造说话的机会，特别是不能对孩子在语言表达上的一些错误加以嘲笑或埋怨，也不能总说一些打击孩子自信的话，如“你看人家的孩子多会说话，你怎么这么不爱说话呢”“你不和别人玩，以后别人都不理你了”等。父母要有耐心，要引导孩子体会与人交往的快乐。

——缺乏交往技巧。人际交往是一种综合能力，仅有交往的愿望还不够，缺少交往的技巧和经验，孩子容易在交往中受挫。事实上，大多数孩子内心都渴望与他人交往，希望自己为他人所喜欢。

对于这类孩子，父母教他们学会一定的交往技巧是十分必要的。交往技巧在前面已经说过，大家可以参考。

——自卑。这类孩子不喜欢与人交往，真正的原因是自身的一些特殊状况导致孩子产生了自卑心理。

对于这类孩子，父母可以避开孩子的不足，赞扬孩子的优点，多说能给孩子带来自信的话。这样可以给孩子自信，使孩子不是整天都在想自己的不足，而会去想自己的长处，帮助孩子逐渐淡化对自己不足之处的那种“深刻印象”，孩子就会在自信中慢慢开始与人交往。

第8章　让孩子感觉文化课不再枯燥

培养孩子学习语文的兴趣

现在的孩子头脑聪明，但是很多孩子都怕语文课，怕字词不会写，怕句子造不好，怕长长的阅读理解，怕那些“之乎者也”的古文，更怕写作文。其实，主要原因还是孩子没有学习语文的兴趣，觉得整天都是字词句，比较枯燥，不像物理、化学还能动手做个试验。但是，孩子必须学好语文，因为它在生活中太重要了。而要学好语文，必须首先从兴趣入手，有了兴趣，就不怕学不好。那么，如何让孩子对语文产生兴趣呢？

◆让语文的作用在生活中充分体现出来

“我妈妈是文字编辑，每部书稿都要认真地推敲文字，她说不能有不通的句子，不能出现错别字，否则会误人的。”

“我们一家去年去海南旅游时，我交了一个朋友，但他的方言太重，说话我有时听不懂。我们约定，以后相互写信，来互通消息。我每月都给他写一封信，可总会遇到不会写的字，都是妈妈教我。”

“我上一二年级时，放学后家里老没人，想找人玩又怕妈妈回来担心。姐姐对我说可以写留言条。姐姐教我写留言条，不会的字用拼音代替，从此我觉得语文很有用。”

这些都是孩子们在家里感受到的运用语文的情形，给孩子们留下了极其深刻的印象。事实上，语文在生活中的作用体现在各个方面，比如聚会上要发言、父母与子女之间有时需要书面沟通、产生纠纷时需要讲道理进行沟通交流……这些时候，孩子们会知道语文与自己的生活、学习和工作息息相关，才能真正地理解语文对每个人的重要和有用，才能真正对学习语文产生兴趣。

把自己在生活中运用语文的经验分享给孩子，让孩子看得到，感受得到，比给孩子说“你要好好学习语文，学习语文对你以后很有用”强成百上千倍。

◆生活处处充满学习语文的氛围

从小到大，孩子都爱玩。“玩中学”是最有效、最轻松的学习途径。孩了玩积木，父母可以通过提问的方式，让孩子说说自己搭的是什么，发展孩子的语言能力；和孩子一起猜字谜，让孩子在快乐中认识了汉字，效果比死记硬背、机械抄写强很多……

孩子爱看电视，电视便是一个非常好的识字环境。孩子喜欢看的动画片的名字，他们就记得非常深刻；一些有意思的广告词，也是他们学习的内容等。

孩子爱读童话书，让孩子扮演童话情境中的角色，将自己喜欢的主人公活灵活现地表演出来，模仿他们做事，学习他们说话，也是一种学习。

在家里，父母给孩子讲故事，和孩子一起看报纸、读名著、背古诗文、感受现代美文，一起练字，并不是要通过这些让孩子掌握多少知识或形成多大能力，而是让孩子在这种轻松的氛围中感受学习语文的乐趣。

大街上，一个个店铺都有自己醒目的招牌，广告栏里贴着一幅幅图文并茂的宣传画，就连垃圾箱都有自己的名字，这些都是孩子识字和学习语言的宝贵资源。

“生活处处皆学问”，只要有心，哪里都有学习的好资源，而且生活中的这种学习不是枯燥地学习，而是在轻松中体验乐趣，如果父母能够抓住时机、方法得当，孩子就会自然而然地增加学习兴趣。

◆让孩子领略诗词美文的豪放与优美

语文学习不只是学习课本上的一些字，学会造几个句子，背几首古诗，这只是一些最基本的知识。更重要的是，语文学习需要领略国学的博大精深，感受古诗词的韵味，体会名家名篇的优美，领悟名言警句的哲理，从而激发孩子对祖国的自豪感，使孩子更加热爱祖国的大好河山，更加热爱生活。这种热爱中迸发出来的激情，会在孩子的心灵播下喜欢语文、热爱中国传统文化的种子，使孩子不断累积学习语文的情感和热情，并积极主动去学习语文。

父母可以让孩子大量诵读优美的儿歌、童话、寓言、浅显的古诗词及简单的国学著作，接受传统文化熏陶；多读中外经典名著，感受名著给人带来的那种向上的力量；品读现代名家名篇、美文，感受那份精神愉悦与精神享受。这些都将带给孩子“终身营养”，孩子也会因此而成为一个文化素养极高的人。

◆引导孩子加强课外阅读

积累是学好语文的一条捷径，而积累必须通过平时的多读、多看、多领悟，所以课外多读书是必需的。课外阅读是孩子学习生活中不可缺少的一部分，孩子能从中学到很多书本中学不到的知识，既能扩大知识面、增强阅读能力，又能提高写作水平。这些能力提高了，孩子就会觉得学习语文不是难事，而是轻松有趣的事。

父母要支持孩子进行课外阅读，帮助孩子选择合适的书，和孩子一起读书，教给孩子一些读书的方法，引导孩子体验读书的乐趣并享受读书带来的精神愉悦，让读书成为孩子的一种习惯。

总之，对孩子学习语文兴趣的培养不可操之过急，要循序渐进、讲究方法，最关键的是要让孩子觉得学习语文是有意思的、有趣的，并在轻松愉悦的环境中快乐地学习。

培养孩子学习数学的兴趣

数学给人的感觉是枯燥的、深奥的、难以理解的。一提起数学，不少孩子就显得无精打采，在他们心中，数学就是一堆繁复无章的数字，根本无法产生兴趣；还有的孩子认为自己没有学习数学的头脑，只有那些聪明的孩子才能学好数学。不少父母也和孩子有同样的感觉，觉得算来算去还是那些数字，觉得孩子天生就笨，没有学习数学的兴趣和能力。

事实上，数学并不像大家想象中那么难，只要懂得在生活中学习数学，有效开发思维，讲究学习方法，就能自信地去学习，当孩子体会到每天的进步，从而建立起对学习数学的兴趣，孩子就不再显得“笨”了。

◆和孩子一起发现生活中的数学

“有用的才是最有趣的”，这句话反映了情感的一种价值取向，也是孩子产生兴趣的原因之一。因此，引导孩子发现数学对生活的重要，是激发孩子学习数学的兴趣的一个方法。

家里来客人了，肯定要比平时多用些碗筷，这时可以让孩子帮着算一算需要增加多少；到菜市场买菜时，一斤菜多少钱，算算自己买3斤需要多少钱；这些都是日常生活中会用到的数学。让孩子知道这些，孩子心中的“有用论”才能发挥作用，激发孩子主动学习数学。

◆让孩子体验数学的趣味性

生活是充满乐趣的大课堂，将数学融入孩子的生活之中，孩子便能体会到数学中也有乐趣。

像这样在生活中潜移默化地感受数学，并慢慢体味其中的乐趣，孩子就会逐渐用数字表达自己的思想。其实这就是数感，它可以让孩子亲近数学，孩子学习数学也就自然乐在其中了。

◆训练孩子的数学思维能力

锻炼孩子的数学思维其实并不难。孩子平时做的数学应用题本质上就是一种数学思维训练。父母可以有意识地自编应用题，训练孩子的数学思维。

如果孩子答不出来，可以让孩子借助一些实物来数。这个过程中，最重要的是让孩子列出像3+2这样的数学表达式。之后，可以让孩子自己编题目。比如，给孩子一个等式2+3=5，让孩子自己编类似的题目。孩子编题目不仅锻炼了数学思维，还锻炼了语言的逻辑性、发散性。

◆掌握正确的学习方法

“工欲善其事，必先利其器。”想学好数学，很重要的一点就是拥有精锐的工具——正确的学习方法。有了方法，学习就是一件轻松的事情，兴趣就会自然而然地得到激发。

课堂学习一般由四个环节组成：首先要听老师的课，这就是听课的一环；为了消化和掌握课堂上所传授的知识，需要做练习，这就是作业的一环；为了进一步把所学的知识巩固起来，并了解其内在联系，需要记忆和归纳整理，这就是复习的一环；为了使下一节课学得更主动，事先需要阅读新课，这就是预习的一环。善于学习的人会使每个环节都充分发挥它们的作用，这样就能取得好的学习效果。

学数学还要适当多做习题。所谓“熟能生巧”，说的就是要多加练习。刚开始要从基础题入手，以课本上的习题为准，反复练习打好基础；再找一些课外的习题，以帮助开拓思路，提高自己分析问题和解决问题的能力，掌握一般的解题规律，熟悉各种题型的解题思路。

做题时，要学会认真分析题型，仔细研究一道题会有几种方式的变换题型，老师为什么要这么解，看看这道题有几种解法，应怎样解最省时省力、自己用得最熟练，然后从中选择一种，考试时就用得上。

对于一些易错题，可备有错题集，写出自己的解题思路和正确的解题过程，两者一起比较找出自己的错误所在，以便及时更正。

总之，解决问题时，要尽量采用不同的途径和方法，要克服那种死守书本、机械呆板、不知变通的学习方法，懂得举一反三、触类旁通，灵活地解决问题。

培养孩子学习英语的兴趣

大家平时能听到不少父母说自己的孩子不喜欢学英语，只是为了考试而使劲地背单词、做题，感觉孩子挺辛苦的，如果哪天回家没有英语作业，孩子都会非常高兴。这是因为孩子对英语学习缺乏兴趣。“兴趣是最好的老师”，有了兴趣就有了动力，有了动力就会主动去学，主动去学往往能取得令人满意的学习效果。

其实，孩子刚开始学习英语时，由于新奇而有非常浓厚的兴趣，但随着学习难度的增加，就会产生畏难情绪，学习兴趣也随之降低。这就要求父母帮助孩子掌握一些学习英语的方法，避免孩子死记硬背，培养他们的学习兴趣，帮助他们养成良好的英语学习习惯。英语教育专家说：“学习兴趣的培养就是听、说、读、写习惯的培养。”

◆培养“听”的习惯

“听”是人们进行交际最重要的手段之一。现实生活中的很多现象都说明，不论是学习中文还是学习英语，听力差的人语言表达能力也不会好到哪里去。因此，父母要在家里帮孩子养成日常听英语的习惯，这比掌握多少词汇量要重要多了。

比如，可以在孩子刷牙洗脸、上床睡觉脱衣服、吃饭的时候放上录音，内容要丰富些，课本上的磁带、诗歌、童谣、歌曲等都可以。孩子不能完全听懂没关系，这样做的目的在于培养语感，而不是要求孩子听懂多少东西。又如，孩子每天晚上做完所有作业后，可以让他看看喜欢的英语动画片或其他英语光碟，让这段时间成为孩子最快乐的时光。

如果想提高英语成绩，还要进行跟读和听写。跟读就是选择合适的材料一句一句地模仿，因为读和听本来就是不可分割的，很多人听不懂的根本原因就在于不会读。如果解决了读的问题，保证发音及各种语音现象是正确无误的，听就不会存在太大问题。听写就是选用难度比较适中的文章来听，听一句写一句，一个听不懂的词都不放过，然后把一篇文章中所有不会的词都总结出来，反复念，这样坚持一段时间，听力就能提高不少。

另外，要让孩子知道，上课要听老师说，老师放的录音也要认真听，抓住在学校听英语的机会，不懂的及时向老师和同学请教。

◆培养“说”的习惯

“哑巴英语”这个词可谓世人皆知，这说的就是一个人在学习英语的过程中不会说、不敢说、不善说的现象。日常生活中，孩子没有说英语的语境。有的孩子学习英语光看，不大声读出来；有的孩子害羞、不敢说。这些都使说英语成了一个老大难。父母要做的就是鼓励孩子去说，引导孩子去说。

◆培养“阅读”的习惯

英语阅读一要读得懂，二要读得快，读而不懂不行，懂而太慢也不行。这就要求父母指导孩子掌握一些阅读方法与技巧，帮助孩子读得懂、读懂快，从而提高学习英语的兴趣。

读得懂、读懂快建立在一定词汇量的基础之上，所以让孩子多记单词是必要的。除了记单词，还要掌握一定的阅读技巧，阅读过程中的障碍才会减少。

英语阅读理解中，或多或少的生词都会影响孩子的阅读速度。若把阅读过程比作一条奔流的小溪，那么生词便是顽石、沟坎，使溪流不断回旋并激起浪花，冲过去便渐入佳境，冲不过去便成为一潭死水。跨越生词障碍可以通过猜测词义来解决。猜测词义的方法有很多，有的时候不靠查字典的确很难猜出一个词的真正意义，其实这时只要孩子能看出它的词性、在句中的作用，不影响阅读就足够了。

虽然阅读英语课本中的内容和带有习题的阅读理解能够很好地提升孩子的应试能力，但是如果希望孩子能带着兴趣学习英语，还是要鼓励孩子多看一些合适的课外读物，如英语报刊、双语故事等，增加孩子的英语阅读量，既可以提高阅读水平、增强学习兴趣，还可以增长知识、开阔视野。

◆培养“写作”的习惯

英语学习必须以听和读为前提，在读和说的基础上进行培养和提高。但要真正掌握英语，形成综合运用语言的能力，仅靠听和读是远远不够的，还必须通过写来检验和促进英语知识的掌握与运用能力的形成。而随着听、说不断受到重视，笔头功夫，尤其是写作成了孩子们的难题。

英语写作和汉语写作一样，要写出一篇简短的好文章或好段落，就一定离不开切题、选好词、造好句子三个方面。一是切题。文章内容必须与主题保持一致，否则文章语言再好，也只能是失败之作。二是措辞。在写作时要选明确、准确、生动形象的词，适当地使用成语或习语，可以避免语言的单调贫乏，使文章生动而富于内涵。三是造句。可以试用多种方法来表达同一概念，不断变化句子结构，使语言形式丰富多彩，强化表现力。

总之，父母需要从不同角度、运用各种方法培养孩子学习英语的兴趣，带领他们进入“乐之、好之、知之”的境界，让他们轻松、愉快地学习知识，破除学习英语的畏惧感和神秘感。

培养孩子学习物理的兴趣

孩子上初中后，就会接触物理这门学科。物理具有抽象、概括的特点，但是上初中的孩子抽象思维尚未形成，理解掌握物理知识比较困难，这使不少孩子产生畏难心理，就更谈不上兴趣了。尤其是进入高中后，孩子们更是普遍感觉物理难学，觉得“物理概念越学越多，定律、定理越学越乱，题目越做越难”，致使不少孩子讨厌物理。所以，要想让孩子学好物理，激发兴趣还是首要任务。物理内容丰富，操作性、趣味性强，与日常生活联系比较紧密，父母可以利用这些特点，与老师配合，采取有趣的方法，激发孩子对物理的学习兴趣。

物理是一门以实验为基础的自然科学。要全面提高物理的学习质量，做好物理实验是关键一环，通过实验又能促进孩子学习兴趣的提高。

◆引导孩子从小感知生活中的物理现象

生活中，物理现象处处皆是。孩子小的时候都是可以经常见到的，虽然他可能不知道这就是物理现象，但他能感觉这些现象的产生是神奇的、有趣的，以后上学学习物理时也不至于感到枯燥、难学。

如果孩子发现了现象，很有兴趣，却不能解释，这时父母就要抓住机会解释给孩子听或者与孩子探讨，语言要深入浅出，让孩子能听懂。

其实，不管是有意识地引导，还是发现问题一起解决，都能让孩子感觉物理就在自己身边。

◆引导孩子用物理知识解决实际问题

事实上，日常生活中从衣、食、住、行到现代高科技及尖端技术，都与物理密切相关。而孩子对于与自己生活有联系的、有用处的以及现代高科技的东西最感兴趣，所以父母在生活中要尽量联系实际，引导孩子亲自用物理知识解决实际问题，让孩子在生活中体验物理，孩子就会在成就感与“有用论”的推动下，主动去探索生活中的物理现象，从而喜欢上物理。

◆教孩子珍惜课堂上的40分钟

父母有时候可能知道一个现象运用了物理中的哪个原理，但却不能像老师一样把道理给孩子讲得准确、细致、清楚，不利于孩子弄清问题。另外，老师在课堂上讲的知识系统、具体，还能利用各种教具做各种各样的实验，孩子也有机会亲自操作，让孩子在形象生动的实验中掌握知识，从而调动孩子学习物理的积极性和主动性，并通过对新知识的探索体会其中的乐趣，从而激发孩子的学习兴趣。所以，父母要教育孩子珍惜课堂上短短的40分钟，发动各个器官积极参与，做到“心到、眼到、耳到、手到”。

很多时候，老师在课堂上所传授的知识及传授知识的方法是家长所不能及的，所以一定要让孩子抓住课堂上的宝贵时间，多观察、多思考、多操作，理解现象并掌握原理，然后学以致用，体验乐趣，增强兴趣。

培养孩子学习化学的兴趣

对孩子学习化学兴趣的培养，与培养学习物理兴趣的方法大同小异，也是让孩子知道化学对生活是多么重要，鼓励孩子从动手做实验中体验乐趣，教育孩子课堂上认真听讲、勤于思考，掌握一定的学习方法，获得成就感，增强兴趣。这里就不多重复叙述，只谈两点。

一是让孩子体验化学反应中的奇妙现象；二是教孩子巧妙记忆。

化学中，两种或几种物质混合在一起，会产生新的物质。对于这种奇妙的现象，孩子一定有兴趣去探索。父母如果能让孩子时常见证那些神奇的时刻，一定能激起孩子的探索兴趣。

化学又被称为理科中的小文科，因为它需要记忆的东西比较多，分子式要记，化学反应方程式要记，基本反应原理、反应条件还要记，有时反应现象也要记。这么多东西要记，很容易使孩子混淆，也容易让孩子对化学学习产生倦怠心理。老师在教学过程中会把一些枯燥无味、难于记忆的知识尽可能地趣味化、形象化，或者编成一些容易记忆的歌诀。

歌诀易于记忆，孩子要理解地去记，就能记住。当然也要鼓励孩子根据自己的实际情况，在学习中总结出适合于自己的记忆方法，以便轻松愉快地巩固学习成果。只要记得快、记得准、记得牢，就不失为一种好的记忆方法。

培养孩子学习其他科目的兴趣

◆培养孩子学习历史的兴趣

——让孩子明白为什么学历史。历史就是一幅幅生动形象的画卷，里面有数以万计的历史故事、历史人物及人类历史长河中的优秀成果。了解和学习历史，能增强爱国主义情感，树立民族自尊心和自信心，理解人生的价值和意义，形成正确的世界观、人生观和价值观。所以，学习历史不单单是为了考试，也能增长知识、拓宽视野、塑造健康的人格、提高自身的历史素养。明确了学习历史的意义，孩子学习的内驱力才能增强，才会对历史产生兴趣。

——让历史故事带孩子走进历史。讲故事不仅能提高孩子的兴趣，还能加深记忆。比如，“退避三舍”“问鼎中原”的故事，能使孩子明白晋文公和楚庄公为什么会先后成为春秋五鼎中的中原霸主；商鞅变法的时候，有“悬目赏金”和“处罚太子师傅”的故事，孩子可以明白那是为了取信于民，顺利推行变法，从而认识商鞅变法对秦国的影响。

另外，还可以让孩子讲自己熟悉、喜欢的历史人物。比如，可以让孩子讲一讲《三国演义》中自己喜欢的人物、《水浒传》中的好汉，描述一下《西游记》中唐僧、孙悟空的性格等。这样既可以激发孩子学习历史的兴趣，还能培养孩子的艺术欣赏力。

——再现历史画面，使孩子身临其境。父母可以让孩子看一看关于历史人物和历史事件的电影、视频，如《林则徐》《郑成功收复台湾》《火烧圆明园》《甲午战争》等，使孩子体验如临其境的感觉，让孩子看到一个个活生生的英雄人物形象，从而激发孩子对历史的兴趣。这种形式学校也有，幻灯、投影、录音、录像、影片、多媒体等现代化教学手段，以鲜明逼真的动态画面和情感丰富的音响效果刺激学生的视听，帮助学生重温历史，使学生轻松地掌握历史事件。所以，父母要引导孩子课堂上认真观看，积极思考，从而让孩子喜欢上历史。

——帮助孩子掌握一定的记忆方法。历史中需要记忆的东西很多，光靠死记硬背是不行的，所以必须教给孩子一些记忆方法，孩子才能记得快、记得牢。

首先，在理解的基础上记忆。只有真正理解了的知识才不会忘记。有许多历史知识必须弄明白是什么、为什么会是这样、意义何在、有什么影响等，才能抓住历史现象的因果关系和来龙去脉，这样记住的东西印象才深刻，才不容易忘。

其次，要善于化繁为简，化难为易。有些历史事件和现象比较复杂，只有将它化简，才能熟记，如可以相互比较着记忆、列成图表记忆，还可以进行纵向联想和横向联想等，这样容易记住。

再次，要巧记人名、地名、年代。历史知识的特点是需要记忆的人名、地名、年代较多，这同样需要掌握比较可行的科学记忆方法，如可抓住人物的特征来记忆人名、借助地图册来加深理解和掌握地理方位、利用数字特征来记忆年代等。父母还可以引导孩子在学习过程中按照自己的实际情况总结出适合自己的记忆方法。

◆培养孩子学习地理的兴趣

地理有着较强的综合性，学好地理对于学习其他科目都是很有帮助的。要多了解地理知识，学好地理，仍然必须从培养兴趣入手。

——让孩子身临其境。身临其境给人一种真实的感觉，从中不仅能体验到乐趣，获得的知识也是印象深刻的。

——在趣味中轻松学地理。恰当引用民谣、谚语引导孩子了解地理知识，这种方式通俗易懂，并且容易加深孩子对地理知识的理解和运用。比如，告诉孩子，“早穿皮袄午穿纱，围着火炉吃西瓜”说的是我国西北地区大陆性气候温差大的特点，形象逼真，富有感染力，能引起孩子浓厚的学习兴趣。

同时，还可以给孩子讲一些趣味故事。这种方式既能加深对基本概念的理解，又生动活泼、引人入胜，增强孩子的地理学习兴趣。

【父母学堂】

如何让孩子快乐做作业？

对于每天的家庭作业，大部分孩子要在父母的再三催促下进行，能够开心而又独立地完成作业者极少，尤其是小学生。所以，如何让孩子自觉又轻松地完成家庭作业成了不少父母非常渴望解决的问题。这里看看专家的妙招。

◆先吃水果，后做作业

孩子放学回来，不要急于催他做作业，可让他先吃水果，边吃水果边休息，15～20分钟后，再做作业。因为孩子学习了一个下午，大脑累了，肚子也饿了，吃水果可以补充葡萄糖，使大脑获得能量，很快兴奋起来，这样做起作业就会得心应手。

◆先做作业，后吃晚饭

人吃饱饭后会精神不振，懒洋洋的，昏昏欲睡，大脑处于供血不足状态，如果在这个时候催促孩子做作业，孩子是不情愿的。即使硬让孩子做作业，他的效率也会很低，注意力分散，厌倦作业。所以，父母会看到，孩子做一会儿作业就去喝水，做一会儿作业就去洗手间，磨磨蹭蹭，原因就在于此。因此，先做作业后吃饭是有道理的。

晚饭什么时候吃，家长是可以控制的。如果有的家庭必须先吃饭，就要在晚饭后让孩子多休息一会儿，食物消化得差不多了，再做作业，这样也是可以的。

◆作业在前，“好事”摆后

每个孩子都有他最喜欢的一项活动，或看动画片，或游戏，或搞体育活动，或找小朋友聊天。比如，孩子喜欢看动画片，可以让他看，但必须在做完作业以后看。因为孩子做完作业后非常疲劳，这时让他做自己最喜欢的事情，就等于给他一个安慰、一个奖赏，下次再做作业时就有了一个美好的期待，做作业的积极性也就提高了。

◆做一会儿，玩一会儿

孩子做作业时，要允许他做一会儿作业，玩一会儿。因为孩子用心做作业的时候，他大脑的神经系统高速运转，尤其是刚上一年级的孩子用脑不到10分钟的时候葡萄糖就供应不上了。如果不主动终止大脑的工作，大脑就会由于缺少葡萄糖而形成压力，大脑为了转移这一压力，它就会指使孩子去玩。此时的玩，完全是大脑的自我保护。这时要让孩子走出写作业的房间，到客厅或其他房间玩一会儿，孩子可以看图画书，可以聊天，可以在地板上打个滚，或者什么也不做，但就是不能玩游戏，也不能看动画片。8～10分钟后，再让孩子回到房间继续做作业。这就是通常所说的劳逸结合。孩子大一些的时候，可以根据实际情况，让孩子做完一科休息一会儿，再做另一科。道理也是一样的。

这样做作业，孩子是快乐的、轻松的，作业的质量往往也高，父母的压力也能减轻不少，也不用总唠叨，让孩子反感。

第9章　激发孩子的音乐兴趣

音乐的神奇力量

人们欣赏音乐时，不论是大人还是孩子，常常会有一种陶醉感，会忘记身边纷扰的世界和烦恼的事情，难怪心理学家呼吁人们要善用美妙的音乐来调节自己的情绪、陶冶自己的性格。

现代科研结果证明，音乐的神奇力量确实有助于孩子的成长与发育，并会对其一生起到潜移默化的影响。

◆音乐有利于孩子的成长发育

生理学家和医学家认为，音乐与孩子的身体健康有着密切关系，各种不同的音乐会引起孩子身体上不同的反应。节奏有序、柔和优美的音乐可以引起循环系统和呼吸的和谐律动，调节人体内的生物节律；唱歌能使肺脏、发声器官有所活动；音乐游戏、舞蹈能使孩子身体得到锻炼，还能使孩子动作协调优美。更重要的是，音乐能给孩子带来愉快的情绪。两个方面相结合，从而有利于孩子的成长发育和身体健康。

◆音乐可以陶冶孩子的情操

音乐艺术最大的魅力，是用健康、优美、积极向上的情感去陶冶孩子的心灵。

接受音乐熏陶能使孩子学到非常多的优良品质，学习并爱好音乐的人不容易学坏，更容易传递美。孩子接触或者学习音乐，最主要的目的并不是成为音乐家，而是能受音乐的熏陶和感染，变得快乐、高尚。

◆音乐有利于发展孩子的感知力

孩子生下来以后，他的视力很弱，就是靠听来感知这个世界的，特别是六个月以内的孩子。而音乐中最重要的乐音是看不见、摸不着的，其高低与时值的长短、音乐的开始和结束、时间和空间的关系等，都是需要靠听来感知并把握的，所以音乐教育可以刺激孩子的感知力。经常让孩子聆听音乐，尤其是在0～6岁孩子听力发展迅猛的时期，有意识地运用音乐引导孩子进行听力的感知和分析，对发展孩子的感知力非常有好处。

◆音乐有利于锻炼孩子的创造力

音乐活动能使大脑的左右半球互相沟通、互相联系，协调发展，使人更聪明，而且更具创造力。国外有人做过调查，发现音乐课成绩优秀的学生，往往数学课的成绩也非常出色。

总之，音乐从身体语言、认知、情感、个性和社会性等方面对孩子的身心发展都有重要意义，可以使孩子更加快乐，智力与身体平衡发展，性情和品格受到陶冶，从而收获一个健全的人格。

对孩子进行音乐启蒙教育

上面说过，音乐的力量是神奇的，这也使得不少父母越来越重视对孩子进行音乐启蒙教育。科学实验证明，在幼儿时期，如果能在孩子的生活中融入一定的音乐启蒙教育，特别是能够抓住0～3岁这段音乐早教“黄金期”，让孩子接受合理的音乐熏陶，确实有利于稳定他们的情绪，开发他们的智力，陶冶他们性格和情感，促进他们健康快乐地成长。

那么，父母应该如何对孩子进行音乐启蒙教育呢？很简单，作为父母，你不需要成为一个音乐大师，要做的就是给孩子创建一个丰富的音乐环境。

◆带孩子感受大自然的美妙声音

对孩子进行音乐启蒙教育，首先应该从让孩子感受和探索大自然中的声音入手。父母要经常带孩子到大自然去感受音乐的美，听听鸟儿婉转的叫声、虫儿唧唧的叫声、呼呼的风声、滴滴答答的雨声等，激发孩子对音乐的热爱，培养孩子对音乐的兴趣。

◆让音乐融入孩子的一日生活

对孩子进行音乐启蒙教育，应贯穿在日常生活中。

等孩子长大一些时，可能会表现出喜欢听某种音乐或不喜欢听某种音乐，这时可以根据孩子的喜好，播放他喜欢的音乐。如果孩子对音乐涉猎广泛，往往会欣赏和享受各种不同风格的音乐，这就需要为孩子播放各种风格迥异的音乐，如爵士、古典、流行音乐等。

总之，父母要在生活中恰当地不断提供音乐刺激，激起孩子愉快的情感，使孩子的音乐兴趣得到很好的培养。

◆和孩子玩音乐游戏

对于年幼的孩子来说，爸爸妈妈和他一起玩音乐游戏是件很开心的事。父母可以选择一些有趣的音乐游戏，兴趣盎然地和孩子一起玩，使之形成一种生活习惯。

音乐启蒙最好的办法就是通过游戏的方式让孩子接触音乐。尤其对小年龄段孩子的音乐启蒙，要在父母的启发下，通过游戏广泛地接触和音乐有关的事物，了解声音的大小、快慢、长短，甚至是音色和音质的变化，激发孩子的想象力，逐渐使孩子对音乐产生兴趣。

◆和孩子一起唱歌

孩子两岁以后，唱歌的兴致会变高，而且具备了较强的接受能力。如果父母不教他唱儿童歌曲，他也会从街上、商店、电视、广播等处学会唱流行歌曲。流行歌曲的词不太适合孩子演唱，没有儿童歌曲具有的教育内容，也没有儿童歌曲生动有趣。所以，父母应为孩子选一些儿童歌曲，教他唱，并和他一起唱。

和孩子一起唱歌，能给孩子一种感染力，使孩子更爱唱歌。孩子也喜欢和爸爸妈妈一起唱歌，不管你唱得怎么样，孩子都不会在意，孩子在意的只是有爸爸妈妈陪着唱。所以，不要对孩子说“我五音不全”之类的话，重要的是你的陪伴可以激起孩子唱歌的兴趣。比如，送孩子上学的路上，和孩子一起高声歌唱你们都喜欢的歌曲，或者让孩子教你唱他在幼儿园学的歌，你们一路上都会是很快乐的。如果你唱跑调了，没关系，也许你的跑调会让孩子更有勇气去尝试唱歌。

◆开展有趣的音乐活动

一些有趣的音乐活动，可以提高孩子对音乐的兴趣。父母可以根据孩子的年龄特点，开展一些简单、有趣味性的音乐活动，让孩子主动参与，激发孩子参加音乐活动的愿望。比如，可以举办家庭音乐会，让孩子尽情唱、尽情演，并感受音乐气氛，体验其中的乐趣；可以通过一些动作引导孩子感受音乐、表现音乐，如点头、拍手、跳跃、打拍子、跺脚、舞动等，这些都是生活中常见的动作，很容易受到孩子的喜爱，可以训练孩子的节奏感。

通过这些有趣的活动，让孩子和音乐做朋友，孩子喜欢音乐了，自然就会主动地去接近音乐，领略音乐艺术的美，从中获得促进健康成长的益处。

◆适当选择一些音乐玩具

父母可以为孩子选购一些儿童玩的音乐玩具，如小口琴、小铃、铃鼓、电子琴、小钢琴等，让孩子去摸摸、敲敲、打打，感受不同乐器发出来的声音。当然，也可以就地取材，生活中的玻璃杯、不锈钢杯、瓷碗等也可以让孩子敲一敲，体会不同物体发出的不同声音。自制几种乐器也是不错的选择，如用葫芦制作葫芦沙锤，让孩子在制作和演奏中得到乐趣。

总之，对孩子进行音乐启蒙教育，父母一方面要根据孩子的身心特点选择适当的教法，还应该做到循序渐进、坚持不懈。比如，从孩子出生起，就给他听音乐；随着孩子语言能力的增长，可教他学唱歌；随着孩子活动能力的发展，可教他在音乐伴随下合着节拍、节奏做摆动手臂、拍手、走步等动作，或模仿动物的动作学习跳舞等。这样，孩子会在音乐的熏陶中爱上音乐。

调动孩子的表现欲望

孩子每当听到节奏欢快、活泼或者节奏舒缓、优美的歌曲时会不由自主地动起来，头、手、脚甚至整个身体都会跟着节奏慢慢舞动。而且，当孩子听到曾经听过的歌曲时，会有很强的表现欲望。

然而，他们的兴趣却是短暂的，并不持久，一旦有新鲜事物，他们又会马上转移目标。这就需要父母想办法帮助孩子维持兴趣的持久性，调动孩子的表现欲望，让孩子在表现中体验乐趣，并获得表现成功的成就感，从而增强自信心、更喜欢表现自己，使兴趣在不断地表现中得以巩固。同时，自我表现也可以锻炼孩子的心理素质，克服在众人面前表演的畏难情绪。

◆巧用“激将法”

能力强且自尊心强的孩子，处处都要考虑自己的感受，处处都要体现自己的地位。对于这种孩子，调动表现欲望最好的办法就是“激将法”。这种孩子软硬不吃，只能抓住他的“软肋”，多用怀疑、不相信的语言去刺激他，这样就能轻轻松松地达到让孩子表现的目的。

◆鼓励孩子自编自创

大多数的时候，父母习惯于让孩子弹已有的曲子，唱别人创作或唱过的歌，这其实抑制了孩子的思维，又束缚了孩子的表现力。所以，父母要鼓励孩子哼唱自己随意创作的音调，表演自己随心所想的舞蹈，因为这些活动都蕴含着一个幼小心灵的创造灵感，充满了孩子天真的想象，是孩子用音乐表达真实情感的途径。

对于孩子的灵感和想象，父母要给予充分的肯定，使孩子在鼓励中获得成就感，并敢于自编自创，敢于把自己的创作在大家面前展示，从而更加愿意主动地表现自己，使音乐兴趣在不知不觉中得到发展和巩固。

多带孩子去听音乐会

著名钢琴演奏家茅为蕙曾经说过："带孩子听音乐会，是父母在音乐教育中能送给孩子最好的礼物。"也许有的人会说："我们都是外行，根本听不懂，更别说是那么小的孩子了，去了还不是白去。"其实，带孩子去听音乐会，目的不在于让孩子听懂什么，而是让孩子感受一下音乐会的氛围，接受一下现场的感染力，看看指挥家的陶醉、演奏家的专注、乐团的配合，也好让孩子有充分的空间去想象、去感受什么样的声音可以用什么样的乐器演奏，用什么的旋律表达，这就足够了。

对于大部分孩子来说，看电影总是令人兴奋的。但是，观看一次现场演出会更令人陶醉，所以父母还是要计划带孩子听一次音乐会，先看看孩子的反应，孩子喜欢，那就经常带他去，孩子若是不喜欢，也不要强求。不过，大多数孩子都是在参加过一次后还向往下一次的。

如果孩子以前没有接触过音乐，在准备听音乐会之前，花点时间给孩子讲讲不同种类的音乐知识和一些著名作曲家的故事，还可以给孩子放一些磁带或光碟，让孩子对音乐有个初步的印象。如果孩子之前接触过音乐或者接受过音乐启蒙教育，那么他对音乐会一定非常感兴趣。

音乐会一般内容丰富多彩，有多个曲目。父母听不懂没关系，只要抱着欣赏的态度去听就可以了，也许孩子比父母更加富有想象力。演奏到哪个曲目时，如果孩子问起，我们所需要做的就是给孩子一些指导，如告诉孩子这是什么曲目，主要是想表达什么意境等，以帮助孩子理解曲目，更好地去倾听、去欣赏。事实上，指挥家也会在每首曲日前略加解释。

如果可以的话，父母还可以带孩子去看一次芭蕾舞表演，让孩子再一次感受到音乐的重要性及它那充满魔力的场面。表演开始之前，可以让孩子大概了解一下芭蕾舞剧的背景故事。

当然，孩子太小是不适合这种场合的。因为听音乐会或看芭蕾舞表演是要遵守规则的，如不能喧哗，不能走来走去，演奏过程中也不能随意鼓掌，要等到演奏完毕，指挥明确示意后再报以掌声，以尊重乐曲的整体性。这些对太小的孩子来说是不太能够忍受的。如果孩子愿意，可以在去之前给他说清这些规则，让孩子有个心理准备，这样孩子就会在现场遵守秩序。

培养孩子的音乐欣赏能力

会欣赏，才会去表现，才会去创作，才能主动去探索音乐，从内心里真正喜欢音乐，并对音乐产生持久的兴趣。而孩子的欣赏活动不同于成人的欣赏，必须要从孩子的生活及与他们息息相关的日常环境出发，按照他们所感兴趣的活动形式开展，才能激发欣赏的欲望和探究的动力，促进孩子充分地根据音乐题材大胆想象、联想，以适合他们的方式深入地欣赏音乐。

◆引导孩子倾听生活中的声音

“音乐源于生活”，在周围的环境中，无论是自然界还是现实生活中，都充满着各种声音：鸟叫、蛙鸣、暴风的呼啸、掠过的飞机隆隆声、下雨的哗哗声、打雷的轰隆声、妈妈切菜的嚓嚓声、喝水的咕噜声、小鸭的嘎嘎声等。事实上，孩子小，注意力不集中，很容易被这些声音所吸引。孩子生活在这样一个充满美妙声音的环境之中，父母就应该利用这一优势，有意识地引导孩子去听，使孩子乐于倾听、善于倾听，并愿意以自己喜欢的方式表现出来。

倾听、表现生活中的声音，看似与培养孩子的音乐欣赏能力没有本质的联系，但却是培养孩子音乐欣赏能力的基础。孩子只有学会倾听生活中美妙的声音，乐于用乐器去表现生活中的声音，才能有兴趣欣赏源于生活但高于生活的音乐，尝试用表现生活中声音的方式去理解体会音乐的美妙。

◆让孩子动起来

音乐作品欣赏光靠听觉活动是远远不够的，还必须让孩子动起来。好动是孩子的天性，他们在“动”中认识世界，获取知识，同时活跃思维，产生想象。因而，音乐欣赏还要依赖动作的帮助，来加深孩子对音乐的感受。

◆培养孩子自主欣赏音乐的能力

孩子在欣赏音乐的基础上，进行大胆地想象，根据音乐创编故事，以自己喜欢的方式体验音乐，这样才能培养自主欣赏音乐的能力。

故事伴随着孩子的成长，因此孩子有丰富的故事体验，父母可将音乐欣赏与故事相结合，使音乐欣赏不仅局限于纯艺术方面的体验，而是与语言等领域相联系，增加音乐欣赏的趣味性。孩子创编故事并不是没有依据的空洞编造，它必须建立在对音乐充分感受的基础之上，根据音乐的风格来想象音乐中的故事。这就需要父母引导孩子把握音乐的风格和结构，使之与故事密切相关。

等孩子有了创作经历，就可以给孩子放一段精选的音乐，让孩子创作一件作品来表达他听到音乐后的感受。孩子可以画一幅画，做一件拼图，写首诗，编一段舞，或者写一篇关于这段曲子的音乐鉴赏。

经过锻炼，孩子自主欣赏音乐的能力会大大提高，孩子也会对音乐更加感兴趣。

【父母学堂】

考级其实没那么重要

前面说过，音乐对孩子的智力发展有着非凡的意义。教育学家也认为：“音乐是思维的源泉，没有音乐教育，就不可能有合乎要求的智力发展。”

更有不少科学家、艺术家都把音乐作为提高修养、启迪灵感和开发创造力的重要手段。

所以，不少父母花了很大的功夫，让孩子接受专业的音乐教育，甚至想让孩子成为又一个贝多芬或莫扎特。他们让孩子参加兴趣班，给孩子买昂贵的乐器，或者给孩子请家教，原本以为孩子喜欢音乐是顺理成章的事，可实际“操作”后，问题接踵而至，孩子迟迟未表现出对音乐的热情，甚至还会出现反抗的情绪。这到底是怎么了？原因很简单，那就是父母给孩子的压力太大。

父母对孩子期望高是情理之中的事，但也要看孩子的实际情况。孩子喜欢音乐是因为音乐能让他心情舒畅，他想把音乐当作生活中的调味品，你偏逼着他去参加比赛拿大奖，非要他去考级，以便在以后的升学考试中加分，或者非要把他培养成音乐家。就是你的这种不关心孩子的想法只注重自己的要求的功利心理，把孩子对音乐的兴趣之火浇灭了。

其实，对于幼儿阶段的音乐教育，听音乐不是让孩子能听出是什么曲子，而是能让孩子稳定情绪、发展智力；唱歌不在于让孩子唱准音，而在于让孩子体验歌唱的快乐；乐曲欣赏是为了提高孩子对美的感受力；乐器演奏的重点则是发展孩子动作协调、交往能力等。太过强调纯技巧性的乐器学习，只是让孩子学到了使用某种乐器，并没有让孩子获得美好的音乐体验，甚至会破坏他对音乐的创造力和想象力，最后成为一个离开曲谱就不会弹琴的孩子。

父母们不要一提到音乐教育，就联想到严肃、认真、刻苦等字眼，而是要认识到音乐是人类表达思想、感情的一种方式，而乐器演奏仅仅是音乐活动的一种形式，要把孩子学习音乐的目的上升到一个精神层面，而不必苛求孩子拿大奖、考级、成为音乐家。

要知道，并非所有的孩子都能成为音乐家，这不仅得看孩子的天分和学习意愿，还取决于孩子所处的教育环境。所以，在培养孩子学习音乐的最初阶段，父母要想清楚，让孩子学音乐的目的是什么。否则，音乐带给孩子的就不是快乐和美好的感觉了。

学习音乐要顺其自然，只要孩子喜欢，就让音乐成为孩子生活的一部分，成为孩子精神的食粮，只要在游戏中、学习中培养孩子喜爱音乐的情感就可以了，不一定要让孩子接受专业的训练。而想要让孩子正规地学习音乐，父母最好先让孩子多接触音乐，从培养孩子对音乐产生兴趣开始。激发孩子学习音乐的兴趣，要比用棍棒压迫孩子苦学有效得多。

第10章　点燃孩子的绘画兴趣

绘画带给孩子一个多彩世界

孩子天生就有绘画的本领，涂鸦就是一个证明。每个孩子都非常喜欢绘画，而且绘画对孩子的成长能带来多方面的好处，不论是对孩子的今天还是明天都是有百利而无一害的。父母若能加以合理引导，一定能发挥孩子绘画的潜能，为孩子今后的成长打下良好的基础。

◆绘画有利于提高孩子的记忆力

孩子绘画的内容并不是虚无的，而是对现实的一种记忆恢复，只是表现方式与成人惯有的接受方式不同而已。孩子每次画画，哪怕是信手涂鸦，都是将自己在感受外物时储存在脑海里的记忆翻找出来，然后以“稚嫩”“天真”的方式抽象地表达出来。也许刚开始时孩子画画的内容是无意识地记录下来的，但是随着孩子年龄的增大，见到自己喜欢的事物，他就会有意识地努力记忆，以便把它画出来。可见，孩子画画对提高记忆力是有好处的。甚至有心理学家认为，孩子在5岁以前的创造性是最高的，几乎能等同于绘画大师。所以，父母要抓住0～6岁这段黄金时期，引导孩子画画，这样做不仅能培养孩子绘画的兴趣，而且能提高孩子的记忆力。

◆绘画有利于提高孩子的观察力

孩子要画画，就需要观察事物。如果不用心去观察，也就不可能用心去画，那么画出来的作品就不能反映现实生活，也会不美。让孩子经常绘画，就需要孩子经常观察，这样日积月累，孩子就会对身边的事物观察得越来越多，越来越仔细，越来越完整，观察力也就会不断提高。

◆绘画有利于发展孩子的想象力

翻开孩子的作品，我们会看到小猫和小老鼠手拉手，小兔子拿着气球，太阳长着长长的胡子，花儿会唱歌，小草在跳舞，向日葵拿着吸管喝饮料，电视机长着两只手……成人为什么总是很难看懂孩子画的是什么呢？这是因为成人的想象力与孩子有很大的差别，成人喜欢规矩、真实的东西，而孩子的世界里充满了童话般的烂漫。

对色彩的运用更能显出孩子大胆的想象力，他们按照自己的兴趣、意愿随意涂抹颜色，红色的小人儿，绿色的房子，蓝色的小猫……因为在他们眼里，世界是丰富多彩的。

◆绘画有利于发展孩子的创造力

孩子每天画画，但没有两张画是重复的。这就是说，在孩子心里，画画的内容每次都必须是全新的，画画的方法也不是固定不变的，可以根据自己的感觉有所创新。这就需要孩子经常去尝试，大胆突破别人的作品，用自己的主见去画，这样画出来的作品才具有创造性。许多医生、科学家、建筑师和画家的成才之路都与儿时爱画画有着密切的联系，就是因为儿时的绘画发展了他们的创造性思维。

◆绘画是一种表情达意的方式

无论是孩子还是成人的绘画作品，里面都渗透着个人感情。绘画是孩子表达心理感情最直接的一种活动，也许有的孩子不能用语言很好地表达自己的感受，但通过画画却可以。比如，孩子高兴的时候，画中的形象都是笑眯眯、手舞足蹈的，而且线条柔和、丰富，颜色明快；孩子心情不佳的时候，整个作品线条生硬、混杂、重叠，而且颜色暗淡。这就是孩子在运用绘画的方式表达自己的心情。也就是说，每一幅画其实都是孩子真实内心思想的写照，是孩子情绪的外在表现，只是有时大人不能理解孩子用画画所表达的意思罢了。

◆绘画让孩子更好地理解生活之美

让孩子学画画，目的不在于把他培养成一个画家，更重要的是要培养孩子的美感，即一种发现美、创造美的能力。这种能力会让孩子受益终身，让他觉得眼下的生活和未来的人生都是幸福的。孩子画画时，可以引导他观察认识大自然的美、人与人之间友好情感的美、人与自然和谐相处的美等，并激发孩子的创造性思维，鼓励他把这些美用绘画的形式表达出来。长此以往，孩子就会有一双发现美的眼睛和一颗感受、理解、创造美的心灵。

孩子的涂鸦不能忽视

涂鸦长期以来被许多父母视为一种简单笨拙、毫无意义的活动而加以忽视。他们总希望孩子能画出一些“像样”的画，当他们的愿望得不到满足时，便对孩子的艺术才能失去了信心，甚至责难孩子，导致孩子绘画兴趣丧失。那么，什么是涂鸦?

一岁半以后的孩子开始喜欢拿着蜡笔或粉笔，在纸上、地上、墙上随意地画各种图案，但他们只会画事物的局部，整幅画面无系统、无秩序、无章法，画得横七竖八，甚至是无目的地乱涂乱画。这就是涂鸦。涂鸦是绘画活动的开始，是绘画活动发展的必由之路，也是孩子自我表现的开始。四岁以前的幼儿绘画属于涂鸦期。

事实上，涂鸦并不是大人心中毫无意义的行为。涂鸦是视觉经验、身体、手指肌肉动作协调的一种综合表现，反映孩子当时的身心状态，具有促进感觉统合和人格形成的意义，是一种对孩子身心发展非常有益的活动。那么，面对大人心中“毫无意义”的图案，甚至在父母精心装修的墙上“捣乱”的行为，父母怎么办呢？

◆不要粗暴地夺走孩子手中的画笔

孩子刚开始涂鸦，喜欢拿着笔到处走，到处涂，除了纸上，还会在地上、门上、墙上、桌子上、衣服上随意地画。

孩子在通过涂鸦进行自我表现，借助这种方式与人沟通，让别人了解自己。这是孩子身心发展的一个规律，不是孩子主观上想这么做的。所以，父母不要粗暴地阻止他们的行为，而是要鼓励他们继续表达自己的想法。同时，为孩子提供丰富的画画用具，尤其像挂历纸或大纸等各种纸张，画板也可以，还可以给孩子准备一块白板或在白色的墙壁上用透明胶粘一层白纸，有条件的家庭可以专门给孩子制作一面“涂鸦墙”，为孩子提供尽兴涂鸦的环境，这样孩子就能在跑跑跳跳中全面体验涂鸦的乐趣。

◆不要站在成人的角度看孩子涂鸦

孩子的想象力是丰富的，他们的头脑里没有太多的条条框框和太多的定式，他们的想象是自由的、无拘无束的，甚至是大胆离奇的，所以他们很有创造天赋。而涂鸦又是孩子的一种意识觉醒，这种意识就是孩子认为画在纸上的线条和形状也可以代表他们环境中的事物。丰富的想象和意识的觉醒相互碰撞，独特的创造力就产生了。孩子的涂鸦在成人看来是无意义的混乱线条，但在孩子心中，那些线条都代表着一定的意义。

◆对孩子的涂鸦给予积极的回应

孩子兴致勃勃地涂涂画画的时候，父母需要做的事情就是对孩子的作品给予积极的回应，帮助他把涂鸦的积极性保持下来。一方面，父母可以引导孩子说一说自己画的是什么。引导过程中，父母一定要注意方式方法，既不伤害孩子的自尊，挫伤孩子的积极性，同时也要将你想表达的想法明明白白告诉孩子，如可以说“妈妈很喜欢你的画，色彩非常鲜艳，可妈妈却看不懂你画的这个小圆球和这些线代表什么，你给妈妈讲一讲，妈妈就知道了”，这样孩子就会很高兴地告诉你他的想法。另一方面，孩子讲述了自己画的内容后，父母要赞扬孩子讲得清楚，鼓励孩子能够画得更好，还可以给孩子一个拥抱、亲吻，表达对孩子的肯定和关爱。这样，孩子就会更加自信地拓展他的涂鸦活动，而他的语言表达能力、想象力等也都会在与爸爸妈妈的交流中得到锻炼并不断提高。

经常以这种方式和孩子沟通，你很快就会发现，孩子在描述他的涂鸦作品时，那些梦幻般的说法会让父母惊诧——他的小脑袋瓜里居然会有那么多神奇的想法！所以，父母们，抓住机会，让孩子发挥想象，积极创造吧！

四个妙招让孩子爱上画画

要培养孩子对绘画的兴趣，不用逼迫，只要让他随心所欲地画，给他创造更多的绘画条件，多给他理解和鼓励，孩子就会在父母的爱与关怀中爱上画画。

◆丰富孩子的生活体验

孩子虽然是天生的创造家，但是要创造出丰富多彩的作品，没有丰富的素材是不行的。生活是绘画素材的最好来源，所以丰富孩子的生活经验，就是帮助孩子积累绘画素材。

许多有名的画家都有一个共同经历，那就是从小热爱大自然。大自然的壮观奇景可陶冶孩子对美的感受。所以，父母要经常带孩子走入大自然之中，让孩子接触大自然的美好风光，接近动物植物，感受蓝天白云、江海湖泊。

孩子只有通过亲身的体验，才能描绘出生动、真挚、充满情感的作品，体验丰富了，就不会总是画一些内容空洞、缺乏变化的画了。即使作品在技术上还不成熟，也能打动人的心，孩子更能在绘画过程中得到满足。

◆用孩子的语言说话

与孩子交流，如果能用孩子的语言，就会让孩子认为父母进入了他的世界，认为双方之间有共同的语言，把父母当成朋友，产生一种轻松、愉快的心理，孩子就会非常乐意与父母交流。用孩子的语言去引导他画画，孩子会感觉到一种亲切感，也就会非常愿意听父母的建议。

另外，朗朗上口的儿歌其实也是一种儿童语言，父母可以和孩子一起念儿歌，最好能一边念一边做动作，先调动起孩子愉悦的情绪，再让孩子发挥想象去创作。

◆边编故事边画画

幼儿的年龄特征决定了他们对拟人化的动物、带有情节性的主题最感兴趣，也最容易记住。父母可以抓住这个特点，引导孩子选取素材时多选择不同种类的小动物，通过拟人化的动作、神态，丰富孩子的绘画经验。然后，和孩子一起用小动物编一个故事，随着故事情节的展开指导孩子画画。

◆保存并欣赏孩子的画

孩子涂鸦的作品，在父母看来并不是画，但却对孩子各个方面的发展起着非常重要的作用，而且记录着孩子的成长。父母可以通过引导孩子讲述画的内容来领会孩子心中的意象和对生活的感受。还可以在孩子用点线描画的图案旁加上附注文字，然后把画保存起来。等孩子以后再画了新画，可以把以前的画拿出来做个比较。

每过一段时间，可以把保存的画拿出来和孩子一起欣赏，还可以让孩子的小伙伴一同欣赏，这样孩子就会因成功的喜悦的鼓舞而创作出更好的作品，并且会自信满满，从此爱上画画。

【父母学堂】

培养孩子的绘画欣赏能力

学会欣赏绘画作品，不仅仅是让孩子从中学习作画的技巧，更重要的是让孩子领略绘画作品带来的美，获得对生活和社会的认识，由此引发对艺术欣赏的兴趣。儿童对美的欣赏的需求是自发的，但是孩子年龄小，光看可能会使他们很快就转移注意力，所以欣赏活动一般应该与相应的操作活动相结合，使整个活动有静有动，有视觉体验也有操作经验。这样，欣赏带动了创作，创作反过来又可以加深欣赏的体验，两者互相促进、相得益彰。

◆作品要贴近孩子的生活

每幅作品都有它创作的年代和背景，如果缺乏相关的知识背景，就无法与作品产生共鸣，无法与作品对话，因而也就无法进入欣赏状态。例如，古典美术作品反映的主题多为重大历史事件、宗教和神话故事等，由于儿童缺乏相关知识经验，所以不太适合儿童欣赏。

成人在选择欣赏作品时要尽可能贴近孩子的生活，如吴作人的《小金鱼》、展子虔的《游春图》、米罗的《小鸟围着的女人》、徐悲鸿的《奔马图》等，孩子一般比较容易理解作品的意义，不会因觉得太枯燥或晦涩难懂而产生厌恶之情，从而对欣赏产生浓厚兴趣。

◆尊重孩子夸张的表现

对欣赏作品的初步印象，是孩子进入欣赏的第一步。这一步应该尊重孩子鲜活的个人体验。比如，当孩子刚刚看到米罗的《哈里昆狂欢节》时，会情不自禁地发出一声“哇……”的惊呼，他可能瞪大双眼，可能兴奋地晃动着身体，可能大声叫着“真漂亮”。显然，孩子是被画面鲜艳的色彩、各种奇特的不规则的图案深深吸引了，这就是孩子对这幅作品的第一印象。

孩子在欣赏作品的瞬间，把所看到的、感觉到的和体验到的东西统统汇集在了一起，所以才会表现出特定的表情、姿态、动作和声音，他们的思维被一下子调动起来了，这是一件好事。面对孩子的这种表现，父母不能训斥孩子太夸张，否则会挫伤孩子的积极性，妨碍孩子良好的情绪体验和审美心境的形成，而是应该支持、鼓励和激发孩子的表现欲，给他一定的时间来表达自己的感受，还可以和孩子一起做出真实地反应，以拉近与孩子的距离。

◆关注孩子的情感体验

绘画欣赏本身是一种感情的投入，欣赏者需要欣赏作品中作者想要表达的情感和信息。儿童常常把自己的想法和情感投射到有生命或无生命的物体上去，这为他们欣赏作品提供了情感基础。例如，《向日葵》和《花瓶中的十四朵向日葵》都是凡·高的力作，但是画家创作时的心情是全然不同的。《向日葵》中那即将枯萎的向日葵，象征在巴黎的角落里奄奄一息的凡·高，画幅左边的拐角用“跳动”的红色涂过，“跳动”的色点融会在浅蓝色的笔触中，生出了一片小小的火焰，象征着画家的生命之火。《花瓶中的十四朵向日葵》，以黄色为主调，加上一点青色和绿色，起到一种装饰性作用，加上笔触有力，显得富有生命力。

父母可引导孩子从色彩和造型上把握欣赏对象，体验对象的情感，诸如枯萎暗淡的向日葵传达着痛苦、失望之情，舒展明亮的向日葵代表着愉快的情感等。作品欣赏中强调情感的体验，可以锻炼孩子敏锐的审美知觉能力，从而培养孩子的审美情感。

◆给孩子及时的引导

孩子欣赏绘画作品，不仅要获得对作品内容、主题、题材等的认识，更重要的是逐渐养成透过画面所描绘的故事、情节和具体的内容，进一步感知和体验隐藏在作品之中的抽象形式和意义的习惯和能力。

及时地引导，能给孩子传递不少欣赏作品的方法，也能增加父母与孩子之间的交流与感情，有利于培养孩子对艺术作品的欣赏兴趣和欣赏能力。

◆鼓励孩子立刻创作

欣赏完作品后，可以鼓励孩子立刻创作。比如，欣赏《哈里昆狂欢节》后，鼓励孩子以色纸剪贴的方式表现植物和小动物尽情狂欢的情景，也可以让孩子自由发挥想象进行创作。事实证明，这种鼓励会使孩子把刚刚获得的情感体验和欣赏经验运用到现实创作中，或借鉴画家的作画方式和表现手法，或用自己的绘画语言描绘作品所表现和传达的情感等，创造出更美的作品。

当然，引导孩子欣赏绘画作品，父母必须具备一定的美术欣赏能力，否则很难胜任引导者的角色。如果没有这种素养，可以在决定欣赏一幅作品之前，事先查阅相关资料，看看专家的赏析与点评，也可以给孩子很好的引导。

第11章　支持孩子参加体育运动

运动让孩子充满活力

成长期的孩子需要运动。对孩子来说，运动跟营养摄取一样重要。合理的运动可以增强孩子的柔韧性和力量，培养平衡与协调能力，提高灵活性、节奏感和整体身体素质，使孩子感到身心愉悦，让孩子迸发无穷的活力。

◆运动可以增强孩子的体质

现在的父母虽然非常重视孩子的健康，但却把重点放在了饮食和保健品上，特别是为了防止孩子生病，父母总希望买些牛初乳之类的保健品来增加孩子的免疫力。而运动，作为增强孩子抗病能力的最佳方法却一直被父母忽视着。运动能强化孩子肌体的功能，使心脏变得更加强壮，使肌肉更加强健，还能增加身体的柔韧性，预防肥胖等，这些都能提高孩子的免疫功能，保证孩子有一个强健的体魄。

比如，孩子多进行户外运动，接受日光、空气和水的沐浴，能逐步经受外界环境变化的刺激，皮肤和呼吸道的黏膜不断受到锻炼，增强了耐受力，大脑皮层也会对冷和热的刺激形成条件反射。当自然因素发生变化时，孩子就能迅速而准确地进行反应，使身体跟外界环境保持平衡，这样就不容易感冒，也不容易中暑。

◆运动有利于开发孩子的智力

运动最健脑！这是美国颇为流行的一句口号。运动能使大脑处于最初的启动或放松状态，人的想象力会从多种思维的束缚中解脱出来，变得更加敏捷，因而更富于创造力。同时，运动可以提高心脑功能，加快血液循环，使大脑享受到更多的氧气和养分，达到提升智力的作用。与成人相比，儿童的收益更大，奥妙就在于孩子的大脑正处于发育状态，运动发挥的作用能得到更大的回报。

有氧运动都能起到健脑作用，尤其以弹跳运动为佳。跳绳、跳舞、跳蹦蹦床、跳橡皮筋、打篮球等都是非常好的运动。

◆运动可以增强孩子的自信心

如果孩子说“我是一名小运动员”“我喜欢打羽毛球”“我会踢毽子”，其实是在说“我能做”，意思就是“我能行”，这对于孩子来说非常重要。运动过程中，孩子会通过自己努力，完成他曾经认为根本不可能完成的目标，掌握他觉得很难的运动本领，这让孩子对自己充满信心，并敢于接受更高的挑战。同时，运动给孩子提供了一个表现、发挥自我能力和技术水平的机会，当他在运动中表现得比别人突出，或者他的技术越来越出色时，自信心也会大大提高。

◆运动是最佳的健美药方

孩子稍稍长大一些，就懂得了爱美，知道强健且苗条的身体是一种美。而且，肥胖也会给孩子带来心理上的自卑感。事实证明，许多肥胖儿童在生活中明显缺乏锻炼，因营养过剩而造成肥胖。经常参加体育运动的孩子的肌肉比较有力，关节比较灵活，脊背比较挺直，小腹比较扁平，腰肢比较纤细，体态良好，动作协调优美，能较好地控制自己的身体，对自己比较有信心。

◆运动带给孩子更为深远的意义

户外运动让孩子有机会接触更多的伙伴，在一起玩耍、游戏中，孩子学会了分享与礼让，学会了计划与合作，学会与沟通与交流，学会了用自己的方式解决矛盾与冲突。

可能就是一次玩耍，一次体育运动，让两个孩子之间的话题突然多了起来。今天踢足球的时候，谁跑得更快，谁射门最准、谁踢得更远等，都会成为孩子们的谈资。渐渐地，他们就可能成为一生的朋友。

体育比赛可以强化孩子的规则意识，体育对抗可以培养孩子的勇敢精神，耐力项目可以锻炼孩子坚韧不拔的意志；竞赛中获胜的一方，可以从中找到自信和成就感，不小心暂时失利，也可以不息进取、迎头赶上；就算不愿意跟人比，自己蹦蹦跳跳出身汗，至少也可以减轻心理压力，舒缓紧张神经……

智力、心理、品质、社会化等，这些都是现代家长最为关心的孩子的素质，而在体育运动里面，都能找到它们的影子。父母要引导孩子从小进行体育运动，把握运动形式和运动强度，促进孩子健康成长。

让锻炼身体充满乐趣

有些孩子觉得体育运动枯燥乏味，不像游戏有意思，所以他们宁肯待在家里玩各种游戏，也不愿意做运动。有智慧的父母会抓住孩子爱玩游戏的心理特点，把体育运动与游戏或一些有趣的活动结合起来，使体育运动充满趣味性，以吸引孩子喜爱体育运动。

运动本来就应该在放松的心态下进行，只有放松的运动才能对孩子的身心健康起到积极作用。趣味性的运动就能让孩子在身心愉悦的状态下达到锻炼的目的。

◆运动锻炼游戏化

如果父母把运动锻炼当成单调的技能训练，像运动员训练那样枯燥、严肃，这样根本调动不了孩子的积极性。运动锻炼游戏化才能吸引孩子的兴趣，他才会跟父母积极配合。游戏的运动方式，把锻炼和娱乐结合起来，使孩子满心喜悦，充满激情，在愉快的玩耍中锻炼了身心。这需要父母充分发挥自己的想象力和聪明才智，采取灵活多样的方式，创造出多种多样的让孩子喜欢的体育游戏，使孩子在不断变化的游戏中积极主动地参与体育运动。

总之，这种简单的游戏式体育运动内容丰富多彩，形式千变万化，同一游戏稍做变化就会成为一种新的形式，爸爸妈妈可以换着花样引导孩子来玩，以达到在快乐中锻炼身体的目的。

◆使远足活动充满趣味

远足活动是一项积极的健身活动，不仅能锻炼孩子的耐力和意志力，还能让孩子充分地接近大自然，为孩子提供接触、认识社会的机会，孩子非常喜爱。但是，远足路途和时间较长，需要消耗大量的体力，有的孩子可能会因为路上枯燥或劳累而不想坚持。不过没关系，父母只要想点办法，给远足活动加点“调味剂”，就不怕孩子不想坚持了。

总之，远足活动带给孩子的不仅仅是身体健康，还培养了孩子的耐力，陶冶了孩子的情操，让孩子感受到了成功的快乐。

◆鼓励孩子参加趣味性集体活动

集体活动一般人数较多，趣味性强，能吸引孩子参加。这种活动除了能够锻炼身体，还能培养孩子的合作意识与合作精神，孩子在活动中还能感受到快乐。比如，有些社区为了提高居民的身体健康水平，经常会举办一些趣味性体育活动，携手共进接力赛、踢毽子、立定跳远、羽毛球、乒乓球等都很适合孩子参加，可以让孩子在汗水中体验到体育活动的乐趣。父母要多鼓励孩子参加这一类活动。

小技巧让孩子积极运动

俗话说“生命在于运动”，可面对电视、电脑、游戏机、漫画书的诱惑，孩子更愿意“宅”在家里，运动得越来越少。孩子在每个发展阶段，都有适合做的体育运动，可怎么才能让孩子主动地去运动呢？这个问题也是困扰不少家长的难题。运动再多、再有益，得孩子喜欢，他才会主动去做。如果孩子不喜欢运动，父母就是有再多的耐心也无济于事，也不能让孩子从室内走到户外去锻炼身体。所以，父母有时候得讲点小技巧、用点小计谋，才能把家里的“小懒虫”降住。

◆穿上“亲子运动装”，出发

爸爸妈妈和自己穿一样的衣服，这会让孩子有一定的新鲜感，也能让孩子感觉很亲切，同时孩子心目中的爸爸妈妈变得充满了活力。这时，带头请孩子一起出去做运动，孩子一般不会拒绝。亲子装可以买孩子喜欢的卡通形象，如大嘴猴、小浣熊、喜羊羊等，有条件的可以多买几套，做不同的运动时换着穿，这样可以提高孩子运动的积极性，增加孩子运动时的乐趣。

◆到点了，伙伴正在等着你

与住得近一点的家长沟通交流，请两家的孩子结成运动伙伴，商量好时间，一起做运动。这是对两个孩子都非常有益的事情，相信没有哪个家长会拒绝。

◆他是运动“高手”，但是你可以超过他

体育运动往往是群体活动，群体中往往有非常喜欢运动的孩子，他们在某一方面有着较好的技能，如同一小区里玩耍的孩子中有的非常擅长滑旱冰，有的乒乓球打得不错，父母可以鼓励孩子结交这些爱运动、体能好的小伙伴，以便在他们的带动下提高参与锻炼的主动性和积极性。同时，要引导孩子不要惧怕技能高的孩子，告诉孩子经常锻炼，不仅可以赶上他们，还能超越他们，这样孩子就会自觉自愿地去换运动鞋了。

◆这个运动很时尚，去试试

现在的孩子，受电视广告的影响甚大，对“时尚”非常敏感，让运动与时尚挂钩，会使孩子对运动的兴趣增加不少。滑板车、摇摆车、轮滑、儿童旋舞闪光跳等都比较时尚，既能当玩具又能用作运动，孩子都很喜欢，可以买给孩子，买回后和孩子进行一番装饰，使之与众不同。孩子带着这样的玩具进行户外运动，不仅能提高兴趣，还能增加运动时间。

◆你可以找个偶像，向他学

在孩子喜欢的运动领域帮他找个偶像，收集一些偶像过去的正面新闻给孩子看，经常关注偶像的动态，看他在什么比赛上又拿了大奖，让孩子学习偶像身上的恒心、韧性和拼搏精神，让偶像成为孩子运动的动力，并使孩子对运动保有持久的兴趣。

总之，让孩子爱上运动，必须从孩子的心理出发，想他所想，帮他实现，这样就容易“引诱”孩子发自内心地热爱运动，让孩子在运动中真正享受到快乐，从而自觉自愿地快乐地运动起来。

做孩子体育运动的伙伴

父母在孩子成长中所起的作用是无人能够代替的，孩子的言行举止一般都是模仿父母的。有了爱运动的父母，孩子迟早也会爱上运动。喜欢足球的爸爸，带出来的孩子往往爱踢球；喜欢游泳的妈妈，她的孩子当然也爱游泳。然而，现实中却有不少父母喜欢赖在家里玩游戏、看电视、看电脑，不喜欢到外面做运动，嘴上却总是告诉孩子，运动很重要，也很有趣，但任他们磨破嘴皮，孩子就是不愿意运动。这就是因为父母给孩子做出了一个很不好的榜样：你不喜欢运动，我也不喜欢。

成年人一样也需要锻炼，就算自己真的认为不需要也该要求自己去做，就当为孩子做个榜样、做个陪伴。

所以，父母应该当机立断，关掉电脑、电视，停止手机的游戏，站起来，带着孩子一起去运动。最简单的，可以和孩子每天一起做游戏、赛跑、跳绳、散步、打球等；抽空可带孩子去游泳、溜冰，去儿童乐园玩那里的健康项目；每周还可以带着孩子一起远足一次，或骑车，或爬山，或自驾游，或滑雪；参加一次有点难度的训练也是可以的，让孩子体验什么叫挑战自我，什么是团队精神……这些都能给孩子树立一个好的榜样。

——跳皮筋。一面跳皮筋，一面唱歌谣或背唐诗，同时配合脚下节奏进行间断与停顿，如“鹅，鹅，鹅／曲项向天歌／白毛浮绿水～呀／红掌拨清波”。

这是一项全身性的有氧运动，可以帮助孩子获得整体的协调能力和较强的腿部力量，训练流畅的语言表达能力。

——投沙包。两个人分别站在两边，距离四五米，这个距离可以根据孩子的年龄大小或力量大小设定，孩子小可以适当缩短，孩子大可以适当放长，总之要以孩子能投掷到对方跟前为准。相互往对方身上投，如果投到对方身上，对方没有接住，就减一分；如果投到对方身上，对方接住了，就加一分。这样看谁得的分多，谁就赢了。当然，被投者是可以躲闪的。

这个游戏既锻炼了孩子的全身协调能力、双臂投掷力量与腿部的弹跳能力，更考验了双方的判断直觉、配合能力和团队精神，尤其是被投者的一方，小伙伴间要相互提醒、互为掩护，识别对方的假动作和真意图，这对团队间默契感的形成大有好处。

——踢毽子。在地上画出直径两米的圈，两至三位小朋友或孩子与爸爸妈妈进行比赛，踢法不拘，一旦毽子落地或双脚出圈，即为输家。通过踢、盘、拐、分、大跳等踢毽动作的自如连接，训练孩子的反应能力，锻炼下肢肌肉群和关节的灵活性及柔韧性。

和孩子一起运动，你会发现，运动给你带来的健康体魄和愉悦心情比看电脑、玩游戏有意义多了。更重要的是，孩子原来不愿意走出家门的习惯不见了，原来只有三分钟的热度变成了一个小时，而且总是主动要求父母一起去运动。恭喜，你的孩子爱上了运动。继续加油，用你的榜样的力量让孩子把运动作为一生的乐趣来坚持，给孩子一个快乐、健康的人生。

【父母学堂】

为孩子选择合适的运动方式

孩子运动以身体练习为主，通常以爬、跑、跳、投、压、郊游、拍球、跳绳、骑车、游泳、体操等为主要方式。不同的运动方式可以产生不同的锻炼效果。至于具体选择哪个方式，要以孩子的生理特点为基础，哪个方面的身体素质欠缺就多练哪个方面。比如，需要增强耐力，可去游泳、郊游、跳绳等；需要增加力量，可做弹跳、投掷等运动；需要提高速度，可跑步、骑车等；需要提高身体灵活性和协调性，可跳舞、荡秋千、拍球等；需要提高柔韧能力，可做体操、按压等。

需要注意的是，锻炼开始项目要少，动作要简单，难易程度要小，等孩子适应了，再逐渐加多项目，动作可以稍复杂一些，难易程度也可适当提高。这样循序渐进，慢慢地就可以多做几种运动，使孩子的身体得到全面锻炼。选择哪项运动，还要尊重孩子的自然选择和原有基础，然后再逐步向前推进。

这是孩子小的时候，父母为孩子制定的一个全面发展计划。但是随着孩子一天天长大，他好像对运动表现不出什么兴趣，更不愿意出去运动。事实证明，有些孩子对运动不感兴趣，是因为他没有找到感兴趣的项目。这时就需要做父母的认真观察孩子的表现，及时与孩子交流，搞清楚孩子到底对哪项运动感兴趣，帮助孩子找到适合他个性的体育运动方式，并让他坚持下去。

要找到孩子感兴趣的运动，父母必须让孩子尝试不同的体育运动，在过程中仔细观察孩子的强项和弱项，以及孩子喜欢的和讨厌的事物，让孩子通过真正接触，找到自己的兴趣点，直到找到一种最适合自己的运动。

有时，孩子在生活中会表现出喜爱某些运动的倾向，也会表现出排斥某些运动的倾向。比如，有些孩子表现出对篮球、足球和乒乓球等球类运动的喜好；有些孩子表现出对游泳、武术、体操或跆拳道等的喜好。但是，由于孩子年龄小，注意力不易集中，兴趣转移较快，还不太确定自己到底是不是喜欢或喜欢什么，所以一直没有行动。这时，父母要引导孩子说出自己内心的想法，帮助孩子判断他的兴趣所在，以便为他找到一种合适的运动。

在为孩子选择运动方式时，一定要尊重孩子的选择，爸爸可能整个童年时期都打棒球，并且现在依然热爱这项运动，但如果孩子喜欢游泳，就要支持孩子的选择，同时也可以鼓励他尝试一下你喜欢的这项运动。

当然，父母还要掌握孩子的身体情况，根据实际为他提出运动建议。比如，孩子平衡力好，可以建议他练习滑冰、体操等；孩子耐力好，可以建议他练习长跑；孩子柔韧性好，可以建议他练习体操。相反，也可根据孩子的劣势，为他提出建议。比如，孩子缺乏耐力，可以建议他去长跑，因为长跑可以锻炼意志力、耐力；孩子视力下降，可以建议他打乒乓球，因为打乒乓球可以使眼球不断运动，加快眼部血液循环，消除眼部疲劳，有效预防近视；孩子体形稍胖，可以建议他去游泳，因为游泳可以锻炼全身大肌肉群，使身体健美匀称。

当孩子的运动兴趣慢慢培养起来后，他就会主动地参加锻炼了。“冰冻三尺非一日之寒”，强健的身体素质不是坚持一天两天就能够获得的，它需要从小时候就坚持锻炼，并养成每天运动的好习惯。

第12章　培养孩子更广泛的兴趣

让孩子爱上舞蹈

舞蹈是美的化身，给人以强烈而直观的美的感受。舞蹈内容丰富，形式生动活泼，符合儿童好奇、好动、好模仿的天性，可以促进孩子的生长发育，对孩子的身体、性格、气质的发展都大有裨益。

◆用美塑造气质

学习舞蹈有着很多其他教育形式所不能代替的独特功能，孩子不仅能够收获多方面的知识，还能获得身心健康，变得更加美丽。

——舞蹈可以提高身体素质。练习舞蹈需要消耗一定的体力，能促进孩子的食欲、增强消化机能、提高身体抵抗力，还能改善孩子神经系统的结构和机能，使大脑更灵活、反应更迅速、动作更灵敏。舞蹈还有利于提高生理机能，减少未来患心脏病的可能性，使人的精力和体力更加充沛，不易疲劳。

——舞蹈使孩子形体优美。孩子正处于快速生长发育时期，而学习舞蹈必须挺胸、抬头、收腹，站得直，能纠正驼背、端肩等问题，使形体保持优美。据统计调查，同样性别同年龄的儿童，学习舞蹈的比不学习舞蹈的，身高平均要高4～8厘米。

——舞蹈有利于智力开发。学习舞蹈要做到听、唱、想、做的统一，还要将体操、武术、健美操及各种舞蹈艺术融为一体，通过新鲜、生动的艺术形象表现出来，有助于培养孩子的观察力、模仿力、记忆力、想象力和创新力。

——舞蹈可以培养审美情感。舞蹈通过音乐、动作、表情、姿态表现内心世界，使孩子潜移默化地接受艺术表演的熏陶，提高认识美、体验美、掌握美、展现美、欣赏美的艺术品质，使孩子更加热爱生活。

——舞蹈可以培养优良品质。练习舞蹈要出力出汗，能培养孩子不怕吃苦的精神，磨炼坚强意志；学习舞蹈要敢于当众表演，使孩子不怯场，能够增强自信心；舞蹈表演需要与音乐、舞伴等默契配合，可培养孩子的合作精神，使孩子养成自觉遵守规则和纪律的习惯。

◆激发兴趣最重要

舞蹈带给孩子的好处是独特的，不少父母都希望自己的孩子能歌善舞，但不是所有的孩子对舞蹈都感兴趣。那么，怎样才能培养孩子对舞蹈的兴趣呢?

首先，为孩子创造一个美的环境。家里的墙壁上可以剪贴一些舞蹈形体图，窗户上可剪贴一些舞蹈造型的窗花，书橱里为孩子添置一些舞蹈画册等，使孩子的生活空间充满舞蹈的情趣；平时多播放一些优美、活泼的乐曲，以及有关小动物和孩子喜爱的乐曲，让孩子伴随乐曲蹦蹦跳跳；经常让孩子通过电视观看少儿文艺节目、歌舞表演等，丰富孩子的舞蹈知识，让孩子用感官去感受舞蹈的美，引起孩子对舞蹈的注意和兴趣。若能有机会带孩子现场观摩儿童舞蹈表演，更有助于激发孩子对舞蹈的兴趣。

其次，引导孩子模仿。父母和孩子可以针对优美的舞蹈，互相交流感受，然后引导孩子去模仿。儿童舞蹈大多包含孩子最感兴趣的事物，如树木、花草、动物等，配上明快的音乐和有趣的情节，有利于调动孩子的快乐情绪。父母可以根据孩子的喜好，和孩子一起制作一些动物头饰、服装、道具等，随时随地引导孩子有节奏地动动手脚，模仿有趣的动作，也可以和孩子一起做，使孩子在愉快、轻松的情境中，感受到舞蹈的高雅情趣。

再次，选择富有儿童情趣的内容。孩子不能理解的事物，他一般不感兴趣。父母可以给孩子选择一些贴近孩子生活的舞蹈内容，即富有儿童生活情趣、儿童喜欢并熟悉的事物，让孩子初步感知舞蹈。例如，《好妈妈》《一分钱》等舞蹈，孩子连唱带跳、感情真切饱满，在不知不觉中快乐地感受了舞蹈。

第四，充分发挥音乐的力量。音乐是舞蹈之魂，没有音乐，舞蹈就失去了生命力。父母要经常性地、有意识地引导孩子欣赏音乐，感受音乐节奏，并根据节奏变化用舞蹈的动作反映音乐的各种形象。比如，听到高音区音乐，引导孩子模仿蝴蝶飞、小鸟飞；听到低音区音乐，引导孩子模仿大象走、熊走。这样，在音乐的引领下，加上模仿动作很有趣，孩子就很容易对舞蹈产生好感。

第五，给孩子必要的指导。指导孩子学习舞蹈，一般的父母都缺乏这方面的能力，但不指导又怕不能挖掘孩子的兴趣，所以年轻的父母可适当购置一点必要的舞蹈书籍，可参照教材示范教孩子学习舞蹈，也可购置一些教孩子学习舞蹈的电脑软件、电视节目录像带等。在指导中，一方面激发孩子的兴趣，一方面观察孩子到底是否对舞蹈感兴趣。

让孩子热爱书法

书法是一门艺术，一直被誉为“流动之音符，无声之音乐”。然而，书法和音乐、舞蹈、绘画等艺术还是有区别的，它不像音乐可以发出美妙的声音，不像舞蹈可以塑造出美，也不像绘画具有五颜六色的色彩，加上孩子开始不太懂得欣赏书法之美，会觉得练习书法很枯燥，根本提不起兴趣，有些孩子练了一段时间后劲头也会减弱。所以，对于书法学习，兴趣的培养至关重要。有了兴趣，孩子才会真正地喜欢书法。

◆让孩子为书法感到自豪

书法是汉字独特的书写艺术，而且源远流长，有着悠久的历史。书法是中华民族的文化瑰宝，而且在世界文化艺术宝库中独放异彩。书法的美是震撼心灵的，尤其是诸如王羲之、王献之、颜真卿、柳公权、欧阳询等历代名家的经典作品更是为后世所仰慕。他们的作品常常让后人沉浸在一种身心震撼的享受之中，从而对书法艺术有了更深的了解和感受，感受它的美，感受它的与众不同，感受它表面静谧却给人一种万马奔腾的气势、一种风和日丽的舒畅、一种苍松古柏的肃穆。学习书法，就是对中华民族优秀传统文化的学习和传承，是发扬爱国主义精神的表现，是一件非常值得自豪的事情。

学习书法还有不少好处。一是有利于眼睛、脊椎骨的健康，使人健康长寿；二是有利于培养观察能力、分析能力和表达能力，促进形成细致、专注、沉着的学习品质；三是可以培养审美情趣，陶冶情操；四是可以带动铅笔字、钢笔字取得进步，提高汉字书写能力。

在自豪感、书法之美与学习书法的好处的重重推动下，孩子很可能对书法产生好感。

◆多途径激发兴趣

——让孩子在生活中感知书法。走在大街上，可以和孩子一起欣赏一下各种商业广告牌和店名牌；过年过节，可以引导孩子看看喜庆对联；带孩子参观景点时，可以有意识地引导孩子欣赏书法碑刻、匾额；等等。这样做可以让孩子感知书法与生活息息相关，使身心在欣赏中获得愉悦感受，促进孩子的书写情感，激发孩子对书法的兴趣。

——让孩子多欣赏书法作品。多带孩子参观名人书法作品展，听书法家谈成功经验、讲作品、悟人生，有时还有现场指导和当场演示，可以调动孩子学习书法的积极性与主动性，培养孩子的书法兴趣，从而产生审美享受，为孩子带来喜悦和快乐；还可以让孩子多欣赏一些书法作品，多看一些电视中的少儿、成人书法节目等，经常给孩子看登载在报刊上少儿书写的书法作品，不断刺激孩子的兴趣与信心。

——给孩子讲书法家的故事。孩子对听故事充满兴趣，父母可以给孩子讲一些古今书法名家的故事，如墨池、鹅碑的传说，退笔冢与铁门限的故事，欧阳询观索靖的书法碑刻“三日乃去”等。故事中的人或事成了孩子心目中的榜样，孩子就会不自觉地想要模仿，这对激发孩子的兴趣有一定的功效。

◆培养认真读帖、临帖的习惯

读帖就是读字形、读结构、读笔画，分析揣摩字的笔画特点及笔画间的相互关系，把每一个笔画、写法都要记准，掌握字形结构和粗细变化，在理解的基础上写出好的字来。例如，读汉字的“中”，要读出“中”的一竖穿过了“口”的正中间，“口”字稍扁，中间的长竖被“口”字的下横分成长度相等的两段，其上段又被“口”字的上横分成长度相等的两段。这就是读字形、读结构。不同字体，笔画具有不同特点。

通过临摹，在大脑中积累大量的、丰富的材料，为以后的创作做量的铺垫，从临摹到创作的过程实际上也就是让孩子在不知不觉中从模仿走向了创新。

◆**掌握方法，提高效率**

孩子往往会缺乏自制力，如果长时间练书法，孩子的思想很容易开小差，把练字变为一种重复的机械运动，非但不能练好字，还耗费了大量时间，更重要的是扼杀了孩子的想象力和创造力。这就要求父母引导孩子按照书写规则认真书写，对孩子写出来的字给予鼓励，让孩子写一遍有一遍的收获，注重书写质量而不是时间和遍数的多少，帮助孩子提高效率，让孩子在轻松中有所收获。另外，孩子刚学习书法，对握笔的姿势、怎样运笔去书写等都还掌握得不熟练，这时父母如果嫌他写不好，总是让他一遍一遍地练，很容易打击孩子的积极性，所以父母要有耐心，给孩子时间，让他去掌握，有利于维持孩子的兴趣。

把劳动当作习惯

爱劳动是一种美德。如果孩子能把劳动当成一种习惯，那么妈妈省心，孩子更是受益匪浅。怎样才能培养孩子的劳动习惯呢？

◆**劳动强身又益智**

劳动能培养孩子的自理能力，为以后的独立生活奠定基础；劳动能锻炼孩子吃苦耐劳、克服困难的意志力，养成勤俭节约的习惯；劳动能培养孩子的任务意识、责任感和义务感；劳动能让孩子了解生活的艰辛、感恩父母，珍惜幸福生活；劳动还能帮助孩子学会关心他人，珍惜别人的劳动成果，尊敬劳动人民，在享受自己的劳动成果中感受到劳动的快乐。

◆允许孩子参与

两岁左右的孩子，模仿能力很强，妈妈做家务，他总喜欢在一旁掺和，学着大人的模样做着动作。在妈妈眼里，他这是在帮倒忙。这个时候，妈妈总是训斥孩子，让他到一边玩去，孩子不走时就拿出糖果、玩具等把孩子哄走。等孩子长大一些，有的父母过分疼爱孩子，舍不得让孩子干活，总是不让参与。还有的父母，一心让孩子抓紧一切时间学习，不给他安排家务活。

父母对孩子一切都包办的做法，会让孩子认为父母为自己所做的一切都是理所当然的，他眼里就不会有活儿。等孩子长大了，父母认为该让他帮忙做家务了，孩子却认为那是额外负担，容易产生抵触情绪，就是让他收拾自己的房间，任父母怎么说他也不会去收拾。

其实，孩子从幼儿期学做家务，是培养孩子热爱劳动的最好时机，拒绝孩子参与就等于不让孩子养成劳动的好习惯。想让孩子受益一生，就让他从小做自己能做的事情，培养他爱劳动的习惯吧！

◆培养劳动兴趣

有的妈妈用金钱来激发孩子劳动的积极性，这样做效果不会太理想。最好的方法还是激发孩子的兴趣，让孩子因为热爱劳动而劳动。

——教会孩子一些简单的劳动技能。父母也可以事先教孩子掌握一些简单的劳动技能，教时必须言传身教，一步步给孩子做示范，手把手地教，以后再逐步让他自己干。这样，孩子独立做事时，就会比较得心应手，也容易从中体会成就感。

——让孩子量力而行。根据孩子的年龄特点，为他安排力所能及的劳动内容和时间。比如，让三四岁的孩子学会照料自己的生活，自己吃饭、漱口、洗脸、穿脱衣服等；让五六岁的孩子学做一些简单的家务劳动，如擦桌椅、扫地、洗手帕等；让七八岁的孩子参加一些社会公益劳动，如打扫环境卫生等。孩子劳动的时间不宜过长，一般每次在20分钟以内。

——让孩子自我管理。孩子稍大一点时，可以让孩子进行自我管理。告诉孩子，自己的事情自己做，自己的东西自己管。这样，自然就会有“自己的衣服自己洗”“自己的玩具自己摆放”等。孩子有了自我管理的权利，就会自己安排事情，并尽量去“处理好自己的事情”。由于孩子年龄小，缺乏自我管理的经验，而且很多事情第一次做，所以会显得“笨”，这就要求父母耐心地给予孩子引导、指点和帮助，但不能代替他去做。

——欣赏孩子的成果。孩子做完事后，爸爸妈妈的肯定、表扬和鼓励会让他异常兴奋，并能让他产生继续做的动力。父母要肯定孩子取得的成绩，同时要智慧地指出不足，以便让孩子下次做得更好。比如，孩子自己洗鞋子，洗得不是很干净，还溅了一地水，这时妈妈既不要对孩子发火，嫌他做得不好，也不要只夸奖孩子做得好，恰当的做法是可以对孩子说：“这鞋子你洗得不错，我相信你下次可以洗得更干净，而且可以更小心，不让水溅出这么多。你也这样认为吗？” 这样，孩子在下次做事的时候就会记得妈妈说的话，真的会做得更好。

这样坚持下去，孩子就会慢慢养成热爱劳动的好习惯，这将带给孩子幸福快乐的人生。

【父母学堂】

孩子学习才艺的适龄期

让孩子学才艺，除了首先遵循兴趣外，还要根据孩子的年龄去选择适合的才艺。这里就告诉大家各项才艺在年龄上的最佳学习时期，供父母们参考。

◎**学绘画适龄期**

孩子2～3岁开始对形状、颜色产生兴趣，4～5岁画实际事物，5～6岁画认识的东西。2岁半到3岁是孩子对绘画认识最纯洁的时候，这个时候开始最为适宜。

◎**学钢琴的适龄期**

3～5岁时最好让孩子先听好的音乐、欣赏好的音乐，一般4～5岁开始接受钢琴等乐器的技术指导，学钢琴比较适宜。

◎**学小提琴的适龄期**

小提琴演奏是单手拿琴站立演奏，对手及指头尚小、力量不够的3～4岁的幼儿来说过于勉强。因此，学习小提琴的年龄为5～6岁较合适。

◎**学西洋舞(芭蕾、现代舞)的适龄期**

孩子在2岁半到3岁左右就能踩出步伐，此时，培养正确的音感是目的，所以一周练习一次左右就够了，让孩子从事很难的动作对身体发展并不好。技巧的指导从肌肉尚柔软的6～7岁开始比较理想，芭蕾舞要两脚打开180度的动作，这个动作不趁早开始不行。

◎**学古典舞蹈的适龄期**

学古典舞蹈的适龄期是4～5岁，因为这个时候身体很柔软，符合古典舞蹈的要求，此时孩子的智能也已发展。

◎**学戏剧的适龄期**

学习戏剧，要有广泛的训练才可以。从3岁到成年，只要有志于演戏，任何时候都可以说是“适龄期”。

◎学书法的适龄期

学习书法，年龄不宜太小，学龄儿童从三年级开始学习书法，较为适当。

◎学围棋、象棋的适龄期

围棋和象棋的开始适龄期是3～4岁，只要孩子能区分棋子的黑和白，棋上的文字即可。这两种棋都有很难的专业术语，如果要充分了解，一般是从小学三年级开始。

◎学游泳的适龄期

父母想让孩子学或是孩子自己想学习时，就是学习游泳的适龄期。也就是说，游戏什么时候学都可以。“游泳训练班”从0岁到成年，都有适龄课程。

◎学乒乓球的适龄期

如果3岁的孩子能学会玩丢球、接球的动作，能做到“接丢高球”，一般来说就能打乒乓球了。孩子如果有兴趣，就没有什么开始适龄期，也就是说随时都可以开始学乒乓球。

◎学棒球的适龄期

孩子到了4～5岁就可以把球往墙壁或屏障投，再把弹回来的球接住。会投球、接球之后，就能和小朋友一起打棒球。一般来说6～7岁就可以加入棒球队，8～9岁才会握硬球。

◎学足球的适龄期

如果孩子2～3岁已会踢像海滩球那样轻、那样大的球，则在4～5岁时可以往一定的方向正确踢球。因此，孩子从2～3岁就可以开始接触球、踢球，上小学就可以参加足球队，充分享受踢球的乐趣。

◎学体操的适龄期

体操不论几岁开始，都是越早开始越有完成高度技巧的可能性。一般来说，体操才艺从3岁开始较为适当。

◎学溜冰的适龄期

专家和教练一致认为，越早学溜冰越好，一些活跃的选手大约是在4岁到小学入学前后开始学溜冰的，4～6岁是溜冰的开始适龄期。早一点开始学，就像讲母语一样，可以在自由、无意识之中，掌握溜冰的窍门。

◎学滑雪的适龄期

孩子从3岁开始可以自由控制身体，如跑步时突然很快地停住，或来个急转弯，或马上冲出去。但从理解力这点来看，学滑雪的适龄期在4岁左右比较适合。若穿上滑雪器具也能走路的话，2岁半的幼儿也可以滑雪。

◎学柔道的适龄期

练习柔道基础的运动能力，到小学一二年级左右就可以学习了，但正规的柔道学习到小学四年级开始学习比较适当。

◎学剑道的适龄期

戴防护面具、穿上防护衣，是剑道开始练习的基本。从体力和精神的发展来看，小学三年级左右是学习剑道的最好时期。

◎学英语的适龄期

正常儿童4岁时便能掌握母语的全部语音，而且也能学会其他民族的语言。如果想将来英语说得像普通话一样好的话，尽早学比较好。随着年龄增大，过了5岁，母语习惯已形成，再学外语就有语音干扰，会困难很多。因而，只要家庭条件允许，1～2岁就可以让孩子亲近英语，3岁以后跟着老师正规学习比较好。

◎学珠算的适龄期

小学三年级开始学珠算比较合适，这时学校已学习乘法、除法，孩子较容易理解。